TAROT FOR TROUBLED TIMES

黑暗中的
塔羅之光

薩欣·米羅
Shaheen Miro

泰瑞莎·里德
Theresa Reed

楓樹林

獻給所有站在第一線從事積極改變的勇敢靈魂……

我們有看見你們的努力、
以你們為榮，並衷心感謝！

另外要感謝瑪莉．K．格瑞爾
其著作《塔羅家族排列》（*Tarot Constellations*）
啟發了這本書的誕生。

書評讚譽

「這是一本相當有力且鼓舞人心的靈性指引手冊，能夠幫助我們突破自我限制的信念體系，激發和喚醒全新的自我認識。內容包括：如何藉由書寫心得筆記、正向肯定語、塔羅占卜牌陣來處理憂鬱、焦慮、傷痛，以及成癮問題，讓你知道如何克服自己的內在恐懼和陰影，打破有害的循環模式。並且鼓勵我們每一個人，相信自己身上的魔法。發自肺腑、鼓舞人心、文筆優美，《黑暗中的塔羅之光》是一本能帶來療癒和進化的書。」

——班娜貝爾．溫（Benebell Wen），《全觀塔羅：塔羅牌的個人成長之道》（*Holistic Tarot*）作者

「請做好心理準備，你將跟隨這本書進入深層而有力的內在療癒旅程。作者發揮十足功力，以具有挑戰但切合需求的方式，為讀者豎起一面映照自我的反射之鏡子。本書已不只是單純的塔羅解牌書，而是深入探討我們是誰、我們作為塔羅占卜者的能量，以及我們可以讓自己的人生成為什麼模樣。透過個人內省領悟、魔法儀式、靜坐冥想，以及反思練習，作者帶領我們踏上一段自我探索和塔羅探險的旅程。本書絕對是每一位塔羅占卜師或學習者必備的寶典。」

——伊索妮．朵恩（Ethony Dawn），《塔羅宮廷牌：原型人物解牌祕笈》（*Your Tarot Court*）作者

「有時，看到網路上充斥著『愛與光』的文章，卻總是提不起勁；有時，你被困在黑暗和崎嶇道路上，需要有人適時出現，牽起你的手，為你指出一條明路。這本書就是為了這種時候而存在的。作者薩欣和泰瑞莎將透過文字告訴你，如何接納生命的陰影面，並傳授給你面對陰影的工具，教你如何擁抱它，把它變成盾牌和武器，繼續帶著自信向前走。對於內心充滿掙扎、但沒有傲慢到試圖強迫自己面露微笑的人來說，這本書是一個絕對安全的空間。這是一本真心、誠實，而且能讓你找到內心平靜的書，我很高興能看到它面世。」

——梅麗莎．西諾娃（Melissa Cynova），《塔羅牌元素》（*Tarot Elements*）和《廚房餐桌塔羅牌》（*Kitchen Table Tarot*）作者

「你準備好拿回自己的力量了嗎？有如宇宙大靈直接對你說話，作者在書中與我們分享了各種不同的能量治療途徑。知道如何療癒自己，就知道如何療癒世界；知道如何尊重自己，就知道如何尊重生命。透過塔羅牌陣、魔法儀式、正向肯定語、出生牌和流年牌能量、以及塔羅元素工具，進行自我提問和練習，這將是一趟無比深刻且意義深遠的自我賦權之旅。」

——瑪莉．K．格瑞爾（Mary K. Greer），《生日塔羅密碼書》（*Who Are You in the Tarot?*）作者

「本書精彩展示如何運用塔羅牌和占卜的神聖藝術，在艱難黑暗時期給予自己最有效的支持！這是一本非常美好的作品，帶領塔羅學習者從初學自然邁向進階。作者以務實、冷靜、

極富悲憫心和充滿智慧的方式，為處在壓力、沮喪和不安的人提供解決良方。所有對塔羅有興趣的人——無論是專業占卜師還是業餘愛好者——都要把這本書放在書架上。」

——布莉安娜・索悉（Briana Saussy），《創造魔法：編織日常與超凡》（*Making Magic: Weaving Together the Everyday and the Extraordinary*）作者

「這本書是一位盟友，是我們了解自己內在陰影、內心智慧，以及塔羅語言的嚮導。這是我從過去以來一直覺得非常需要的書；以塔羅牌作為一種自我成長工具和資源的綜合指南。全書充滿兩位作者的巧思，幫助我們利用塔羅作為工具和符號，聆聽我們自己的陰影、本我和需求之音。透過面對陰影、魔法儀式、療癒工作、塔羅原型，以及參與社會運動，這本書引導我們充分發揮自己的力量，即使在最艱難黑暗的時刻。這是一份扎扎實實的禮物，值得神祕學研究者、魔法女巫、塔羅占卜師人手一冊，也是切合每個人需要的好書。」

——Gabriela Herstik，《內心女巫：古代工藝的現代指南》（*Inner Witch: A Modern Guide to the Ancient Craft*）作者

「這正是切合我們時代需要的一本書。它不是一本專講塔羅的書，而是一本跟生活有關，用塔羅作為工具來加深自我了解、對他人更慈悲的書。聰明、敏銳、善良，這本書堪稱動盪時代的重要導航。」

——柯特妮．韋伯（Courtney Weber），《一個人的塔羅：為自己解牌的藝術》（*Tarot for One: The Art of Reading for Yourself*）和《莫里根：凱爾特的魔法與力量女神》（*The Morrigan: Celtic Goddess of Magick and Might*）作者

「這本書正是靈性醫生為我們當下能量狀態所開的一帖藥方！它為當前時代指出方向，也提供了強大的解毒劑，幫助我們有效應對內在與外在世界的動盪。這本書以創新的方式深化了我跟塔羅的關係，讓我變得更敏銳，知道如何利用這項直覺工具，來幫助自己和他人療癒。」

——塔蒂安娜．莫拉萊斯（Tatianna Morales），《塔蒂安娜塔羅牌》（*Tatianna Tarot*）作者

「對於任何有興趣直接面對自身陰影的人來說，這本書確實是不可多得的寶典。它遠遠超過任何一本正規塔羅教學指南，它是一本充滿希望、療癒和洞見的書。不妨跟著書中的儀式、冥想、作業練習實際試驗看看，你一定能發現它的神奇效果。」

——麗莎．瑪麗．巴西爾（Lisa Marie Basile），《黑暗時刻的光明魔法》（*Light Magic for Dark Times*）和《文字魔法書》（*Wordcraft Witchery*）作者

「對於希望將塔羅進階到更深層次的人來說，這都是一本無比美妙且不可或缺的書。這本書鼓勵我們，把塔羅當作一顆北極星，作為時代前進的指引，讓我們能夠張開雙臂迎接生命中的艱難與困惑。書中提供了許多實用工具、範例和知識，為讀者提供應援，在自己的人生道路上勇敢前進，而非選擇逃避。」

——琳希．麥克（Lindsey Mack），《狂野靈魂塔羅牌》（*Tarot for the Wild Soul*）作者

「這是一本成功結合陰影療癒、塔羅牌，以及魔法儀式三合一的入門讀物，不僅適用於個人，也適合團體共讀，同時也為資深塔羅占卜師和魔法師提供了大量深入的資訊。儘管處理的議題有點沉重，但作者依然設法讓這本書展現振奮人心的力量。里德和米羅都是經驗豐富、技巧嫻熟的塔羅占卜師，但他們對其工作所投入的心思，讓他們顯得與眾不同。在這本書裡，處處閃耀著這樣的心思，不僅帶領我們穿越自身和世界的黑暗水域，而且是親自牽著我們的手，讓我們的每一步前進都感受到支持。」

——卡桑德拉．斯諾（Cassandra Snow），《怪奇塔羅》（*Queering the Tarot*）作者

目次

導言……014

第一部
愚人：了解自己……017
前三章，我們要先認識陰影，並與之互動。你需要準一顆開放的心，以及像愚人那樣勇於邁出第一步的意願。

第1章：你的背包裡有什麼？……018
愚人不會赤身裸體兩手空空踏上旅程。他會穿好衣服和鞋子，然後在隨身背包裡裝滿補給品。你的背包裡現在有些什麼東西呢？為了讓自己更強大、穩定、有力、健康、活力充沛，對未來懷抱希望，你需要攜帶哪些工具和方法呢？

第2章：陰影之舞：走出困境，進入魔法……026
每一個人都有陰暗面——那些連自己都討厭、不想細看的個性特質。擅長激勵人心的

政治家，對別人的讚美和關注也有不為人知的幽暗渴望，就算是富有同理心的治療師，也可能有情緒崩潰的時候。探察自己內心的恐懼、面對陰影、療癒自己，我們才有辦法在這世界活得更好。

第3章：進入內在 …… 055

在這嘈雜多變的世界，經常練習讓自己安靜下來、保持穩定和冷靜，非常重要。念頭雜亂，你很難清晰思考、找出解決方法、採取行動來改善環境。讓心念安靜下來是第一步，本章提出了多種方法供你練習。

第二部

塔羅：映照自我 135

我們已經深入探究個人內在自我，現在開始借助塔羅來提供洞見。

第4章：大牌與原型 …… 136

塔羅的每一張大阿爾克那牌分別代表一個原型，代表療癒、轉化和力量等人生主要課題。

第5章：小牌與元素……200
小牌的四個牌組分別對應四個不同元素。人們發現，需要同時具備多種元素（可能兩種或三種），生命才能保持活力與平衡。學習每一種元素的特性，了解自己從哪裡得到滋養，以及什麼事物在消耗你的能量。

第6章：塔羅療癒……215
學習為自己、朋友、家人和個案做塔羅占卜，借助塔羅的力量處理各種難題，包括：失去親人的傷痛、成癮症、憂鬱、恐懼、憤怒、分手、疾病、虐待和壓迫。塔羅可以協助你從全新的角度看待事情，權衡各種利弊得失，找出你未曾想過的解決方法。

第7章：相信魔法……263
當生命看似黑暗無光，你需要將光明帶進來。施展魔法的時候到了。學習如何運用塔羅牌、蠟燭、水晶礦石、色彩、月相、以及你自身的心智力量來進行魔法儀式。將自己從生活中各種令人感到疲憊的想法、情境和人際關係中解放出來。將新鮮能量帶入你的身體、屋子，以及身邊一切事物之中。

第三部

入世：關心群體

承擔你經歷過的痛苦，用你的故事來鼓舞別人，達到像塔羅的世界牌那樣的圓滿境界。將你破碎的心化為藝術。將你學到的療癒儀式與他人分享。把你內在的光明帶入塵世間，照亮每一個人。

297

第8章：這一年情勢如何？……298
學習使用大阿爾克那牌算出流年能量，運用塔羅牌陣、正向肯定語、靜坐冥想，以及其他療癒方法，幫助你站穩腳步，成為造福世界的一股正向力量——無論這世界多麼瘋狂！

第9章：身體政治……312
社會運動參與者就是以積極行動讓世界變得更美好的人。成為光明之源有很多方法。你想要用什麼方式來服務人群？

第10章‧社會意識……336
魔法可以影響社會變革的浪潮。每一個祝禱都有助於促進整體社會的進步。我們如何將魔法能量帶入社會運動中呢？
參考資料……364
致謝……367

導言

仔細看，一根蠟燭如何抵抗黑暗同時定義黑暗。

——安妮．法蘭克（Anne Frank）

世界變得很野蠻，到處充斥嘈雜喧囂……已經很長一段時間。對於這樣的社會和政治形勢，我們當中很多人已經感到非常厭煩，有些生性較敏感的人，甚至能感受到整個世界的動盪不安正在危及他們的健康。無論如何我們必須知道：我們確實生活在一個受到深層陰影作用影響的時代。典範正在崩解、轉移，而且不斷向我們揭露，在我們有生之年，生命表層之下始終有恐懼、痛苦、混亂在沸騰冒泡。無論在群體面向還是個人面向，此刻，都有一個聲音在呼喚我們，應該起身採取行動，面對陰影，發起徹底的變革。

我們自己身上就擁有解決問題的良方。

這些年來，我們與許多人有過無數次對話，人們對自己的人生感到迷茫、絕望，想知道如何才能療癒這個世界……以及他們自己。因為這些對話，我們開了一堂課，然後現在，誕生了你手上這本書。

這不只是一本塔羅書。它更是一本關於個人的成長進化、社會正義，以及療癒的實用指南。

在這本書中，我們會讓你知道如何面對自己的陰影，讓你能夠從舊有模式和限制性信念中解放出來。你會學到如何與自己的內在原型（包括受害者和霸凌者面向）和諧相處，讓自己成為一股積極向善的力量，在世界上發揮影響力。

我們會從檢視個人內在恐懼和陰影開始。藉由反思與冥想，你將直接面對陰影，找到自己內心的光明源頭。這是非常關鍵的第一步，奠定這個基礎後，我們才能進一步使用塔羅來處理內在陰影。

在這裡，你會學習到大阿爾克那牌（MAJOR ARCANA）的各種原型（archetypes），以及如何跟自己的陰影做朋友，同時療癒自己。我們也會藉由正向肯定語、塔羅牌處方（Tarot prescriptions）、魔法儀式，以及其他療癒方法，幫助你聽到自己內在真正的聲音，並將它表達出來，這樣你們才能成為盟友，為世界做出更大貢獻。

接著我們要開始探索，陰影是以何種形式出現在世界舞台上。透過大阿爾克那牌的揭示，我們將看見外部世界正在發生的事，並知道自己該如何做出改變。我們也會提出一些具體方法，讓大家知道如何成為陰影的盟友或帶領者，學習如何制定政策，並成為社會變革的推動者。

我們也會深入探討許多人內在都有過的深層問題，包括：死亡、悲傷、離異、疾病、上癮症，以及壓迫。透過一系列與正念專注、自我覺察有關的塔羅牌陣，你將學到如何運用「塔羅家族排列」幫助你重寫你的療癒故事、改變你的人生。

透過這本書，你會發現一條不同路徑來接近塔羅牌、接近你的生命，為自己注入力量。就算你不是塔羅占卜師，也無意幫別人抽牌解牌，這本書同樣能夠引導你改變自己，進而改變世界。

這本書的目標是要幫助你療癒自己——還有世界。我們同在一個地球上，如果每一個人都貢獻自己一點點努力，整體人類的強大將超出我們的想像。

生命中難免有憤怒或無助的時刻。有時，生命帶來的難題似乎遠超出你所能處理掌控；有時，世界崩塌的速度似乎比一張濕掉的紙巾更快。在這樣充滿艱難挑戰的時刻，塔羅就是你的好朋友。就像隱士手上的那盞提燈，塔羅牌是你值得信賴的盟友，可以引導你走入內心，找到光明和智慧的源頭，那個源頭，就是你自己。

對於所有渴望深入衝突、挖掘陰影、揭露光明的勇敢追尋者來說，這本書就是獻給你們的明燈和力量。此刻，我們更迫切需要去發掘自己內在本具的天賦，因為我們清楚知道，自己就是強大的光之存有，是為改變世界而來到這個地球。

——薩欣・米羅與泰瑞莎・里德

第一部

愚人

了解自己

親愛的追尋者和善良靈魂：此刻你將踏上一段旅程，它將大大改變你的人生，而且可能也會改變你居住的世界。

在這個章節，你會獲得旅程所需的工具，讓你能夠勇敢邁出第一步，引導你度過人生的艱難時刻。

THE FOOL:

A Focus on the Personal

1

你的背包裡有什麼？

如果你打算在深山荒野待一個禮拜，若沒有準備好補給品，你絕不可能輕易嘗試，對吧？你一定會在背包裡裝滿所有必需用品，比如指南針、小刀、帳篷、乾淨衣服、水壺，還有食物。萬一遇到惡劣天氣或野生動物，這些工具能幫助你活下來。

沒有這些必需品，你的冒險旅程可能會變成悲劇收場。

你會真的變成一個「愚人」、一個笨蛋。

換個場景，如果這個廣大的荒野世界就是你生活的一部分，那是什麼情況？當你在媒體上看到的盡是悲慘灰暗的消息，你會如何面對？是忍氣吞聲，把你的感覺關進一扇沒人能打開的門？還是選擇用毒品、酒精、性交，或一直坐在電視機前面來麻痺自己？如果你是用這些方式來面對生活中的動盪不安，那你可能會把自己的情緒油箱耗盡，最後讓人生陷入空轉的局面。

如果你一直處在這種狀態下，到了某個極限點，就是陷入谷底。你需要適當工具，讓自己無論面對外在變化或自己生命中的起伏，都能保持穩定、健康和愉快心情。請記得，最後你會選擇如何應對和處理外在情境，或是採取何種立場，其實是你內心的所思所感在決定的。

若你能從你的背包或內部儲備物中拿出東西來，就能強化自己，來抵禦荒野的崎嶇地形。不單單只是存活下來而已，甚至還能成功克服困境。

也許你這輩子一直覺得自己活得很辛苦，不斷遇到艱難挑戰，有時甚至無路可走、意外連連。很多人都有同樣的經驗。但在這個世界上，有一種不同的生活方式和存在之道——有一條更接近精神靈性的道路，是由你內在羅盤的智慧來引導。

如果你仔細看塔羅的愚人牌，可能會注意到，愚人肩上扛的那根木杖尾端繫著一個小背包。木杖象徵魔法，那個背包裡裝滿了他的過往經驗，還有為了讓旅程順利進行所需要的工具。他可以滿懷信心躍入塵世之中，因為他知道自己已擁有某些適當工具，可令魔法發生。

那你呢？你的背包裡有什麼東西？

有裝滿能夠提升你、支持你的魔法工具和方法嗎？

還是，你的背包空空如也？

如果你能確定，只要你需要，隨時都可以拿出適當工具、進行需要做的儀式，那會如何？想像一下，那樣的人生會是什麼景象。你不會被恐懼控制，你能夠活得自由自在。甚至，你還有能力受激勵，勇敢挺身而出，在世界面臨困難的黑暗時刻，成為無所畏懼的領導者，運用資源來引領和支持我們眾人。

不過，要成為這樣的人，條件是你一定要具備適當工具。我們現在可不是在談鐵鎚和釘子喔。我們談的是精神靈性方面的東西，比如：冥想、塔羅、魔法儀式，以及正向肯定語。

數世紀以來，這些工具盡心盡力幫助人們，在面對世界的動盪不安之中，依然能夠過著平靜、有意義的生活。歷史告訴我們一個事實：自人類初次懂得用火以來，我們就一直不斷在遭遇困難，黑暗時刻從未間斷過。戰爭、暴力和悲劇，打從一開始就不斷折磨著我們，所以，世道艱難並不是什麼新鮮事情——而事實上，這本書所要告訴你的方法，也不是什麼新奇的東西。

我們要告訴你的是，如何運用古老的靈性傳統和工具，讓你能夠將最強大的自己發揮出來，無論外面有多少風風雨雨。

生命若不再充滿荊棘，你的人生就會呈現出截然不同的光景：金色光芒灑滿你的肩頭，你整個人煥發出自在自信之光。你的腳步輕盈而優雅，可隨時面對各種地形的挑戰。你肩上扛著一根木杖，尾端繫著一個紅色小背包。背包裡面裝滿你需要的工具和用具，路上遇到任何情況你都有辦法處理應對。

當面對不確定的變數，你心裡開始七上八下、忐忑不安。偉大的冒險總是帶著驚奇和不安的成分——而這正是讓我們不斷前進的必要動力。

你邁出的每一步都會帶來不同的可能發展。無論是悠閒漫步於寧靜草地，還是行走於崎嶇不平的岩石地形，只要做好計畫、秉持毅力，你就有辦法迎接前方的一切可能境遇。你甚至還能自己開闢出新的路徑。

在踏入充滿未知變數的蠻荒土地之前，請先好好思考，怎樣才能讓你的旅程較為輕鬆一些。集中心神，讓你的腳步融入當下。預先做好計畫和準備，是成功冒險旅程的開端。

找出你當前的坐標，可以讓你有足夠的意識，自信邁出第一步。所以首先要知道，你現在人在哪裡。你目前的人生狀態如何？你缺少什麼？你擁有什麼豐富資源？你準備改變了嗎？

第一樣要放進背包裡的東西是指南針。你一定會需要敏銳的方向感，尤其當你要進入未知領域時。指南針能告訴你，究竟是走對路，還是已經迷失方向。

每個人天生都內建了一部導航系統，幫助我們克服人生中的各種起伏。你的內心始終存在著一個不被動搖的認知，那是你內在深處的智慧、是你內心最真實的聲音，那是你的直覺。這股引導力量一直都在，等著你去信任它、觀看它、傾聽它。

每一步都充滿新的挑戰、新的可能性以及成長機會。有時你也會遇到無力改變的挑戰。除了繼續往前走，你別無他法。但就算你無法改變目前情況，還是可以改變對它的反應。善加利用你的內在指南針，用適當工具把自己裝備好，你就能找到自己的道路，邁向成功！

你可以從改變你看待世界的角度開始。如果你帶著恐懼來觀看眼前的世界，一定會看到可怕的東西。與其跟危險對抗，不如敞開心迎接它。帶著勇敢、好奇的眼光，好好去觀察你身邊周遭一切。

閉上眼睛，把氣深深吸到腹部，然後再慢慢吐出。如此不斷重複，直到你全身充滿深沉、芬芳的氣息，慢慢將每一口氣吐出來。當你感覺整個人非常安定，開始從頭到腳掃描你的身體。留意身體上出現的任何感覺。你的身體要告訴你什麼？聆聽你周圍的聲音。你聽到什麼？在吸氣和吐氣的循環中，觀察你腦海中出現的所有念頭。你的大腦跑到哪裡去了？是不是突然想到有什麼工作沒完成，或是為某個問題而煩惱，還是，你感覺自己專注於當下？睜開眼睛，看看身邊四周。什麼東西吸引你的注意力？它給你什麼感覺？你是定根於當下，或者心思在別的地方？

再多做幾次深沉、有意識的深呼吸。調整自己的方位，面朝北方。即使你無法確定方位，也請試著用你的身體找到北方。就定位後，雙腳牢牢踩在地面上，將能量從地面往上吸入你的雙腿。感覺自己變得非常扎實穩固、活在當下，完全融入這個世界。

你現在就在這裡——在你應該在的地方。而且你知道，無論你立足於何地，無論你的生活或外部世界正在發生什麼事，你都能做出改變。你永遠都會是一股強大的力量。

在你完全投入這個角色之前，必須先了解地形情勢、了解你的能力，並在你的背包裡裝滿所有必要的靈性工具。第一步就是走進黑暗，在那裡直接和陰影面對面！這就是我們接下來要一起進行的事。

在這段旅程中，你需要的最重要工具之一是一本筆記本。筆記本是你記錄想法、感受、占牌結果、儀式，以及你所有經歷的地方。就像是一位值得信賴的朋友，你的筆記本會幫助你解決問題、疏理情緒、駕馭你的創造力、沉思你的人生課題，並幫助你了解自己。當你穿越人生中難以避免的危險地形時，筆記本會為你提供支持力。

日記能帶來清晰思緒和正念，為療癒、成長和改變奠定根基。若你真正花時間記錄你的生活，你會開始解開心中的結，讓自己從限制性信念、舊有故事模式、痛苦、悲傷和憤怒的束縛中解放出來。當你能夠跟自己內在的這些面向和諧相處，就能培養慈悲心、同理心，這是改變世界非常必要的第一步。

日記本不需要很時髦花俏——普通筆記本就可以了。買一本自己喜歡的筆記本，然後開始寫日記。

在我們進入下一章節之前，請用一點時間把以下這幾個問題寫在筆記本上。想到什麼答案都寫下來。讓感受自由流動！保持好奇和開放。不要自我審查。看看會發生什麼事。當你覺得自己已經寫好了，就放著不用管它，幾個禮拜後再重新拿出來看——尤其是當你完成書中其他練習之後。

你覺得自己在哪些方面卡住、受到阻礙，或感覺痛苦？
哪些方面你覺得很順利、完滿、幸福、自在？
如果你可以改變其中任何一項，你想要改變什麼？
改變之後會是什麼樣子？
何種情況下你會害怕說出真心話？
你是用什麼方式在扯自己後腿？
你會用什麼方式讓別人開心？
你是否也曾助長壓迫，無論有意或無意？
何種情況下你覺得受壓迫？那是什麼感覺？
權力一詞對你來說代表什麼意思？

當你思考「包容」這件事時，你會想到生活中的什麼事情？你如何為有色人種或其他弱勢邊緣人創造一個更包容、更有情義的世界？

慢慢來。不要評判自己。給自己留一點空間。深呼吸。現在，我們要開始面對自己的陰影，並找到光明。

2

陰影之舞：走出困境，進入魔法

我們一直很努力要讓自己完全活在當下，但實際上，我們很容易陷入焦慮和憂鬱，不是沉浸於過去的痛苦，就是對未來感到迷惘。與其如此，不如想想如何讓自己在當下盡情舞蹈，感受那閃爍的魔幻燈光！

意思就是，讓自己隨著每一首歌起舞，隨著鏡球轉動去感受每一道光束燃燒的熱力，找到歌曲中的節奏，盡情跳舞，直到那支舞也變成你。

這到底在說什麼呀？

我們說的是如何活在當下，跟我們眼前的一切、我們身邊環境，還有最重要的是我們自己的心，同在一起。包括我們所有的夢想、渴望、憂懼和過錯。如果你無法在當下每一刻跟自己內在的每一個面貌共處，你就無法療癒痛苦，更不用說要創造夢想。除非你能夠用清明的眼睛去觀看你這個人的全部面貌，否則你無法與塔羅牌的所有訊息連結。

要讓你內在每一部分的自己一致和諧，最重要的事情是改變你的觀點。如果你遇到瓶頸無法前進、失去自己的節奏，或是陷入絕望，那表示你已經忘記自己這個人有多麼厲害、多麼神奇和優秀。

我們很容易認同內在那個弱小的、像紙娃娃一樣的自己——你深深相信自己就只是鏡子裡看到的那個討厭的人。

事實上，那只是你這個人的其中一面——那是你的陰影！

什麼是陰影？

每個人都有幽微黑暗的一面，它就像一件柔軟的天鵝絨斗篷將你整個人包裹起來。這就是你的陰影，是你內在漆黑、豐富、肥沃的部分。它也是我們將恐懼和不安、怪物和惡魔閉鎖起來的地方。陰影是一個空間，它在你內心、也在你身外四周，它讓你感覺自己被遺棄、覺得失落和迷惘。在這個空間裡，你會覺得自己完全失去控制力，被混亂和恐懼所推動。

黑暗確實是起點也是終點，是最初的阿爾法，也是最後的歐米伽。黑暗是創造的子宮、是毀滅的墳墓，也是重生的洞穴。當你走出自己的舒適圈，你就掉進黑暗。當你的成長超出你的個人極限，你就被推進黑暗之中。

我們每個人的心靈深處都有這樣一個黑暗、陰鬱的地方。是一個我們不想踏足之地。因此，我們寧願把那道門關上，無視它的存在，只把注意力放在愛和光明，或是只呈現自己快樂的一面。

心理學家卡爾．榮格將我們不喜歡、不想面對、想要逃避和隱藏的那個內在自己稱為「陰影」（the shadow）。表面上看起來我們都很好，但內心深處卻充滿恐懼、嫉妒、憤怒，想要追求完美，或出現非常糟糕的想法。我們總是將自己醜陋的那一面掩蓋起來，但事實上，陰影卻渴望被人承認接受。

如果我們只看表面，或是只關注讓自己感覺舒服的東西，我們的療癒之路大概就只到這裡了。如果我們希望進入更深層的療癒，首先必須面對自己內在的恐懼、情緒、弱點和內在衝突。我們必須跟自己的陰影面對面，去看見自己內在深層的傷痕。

若讓陰影跟你的個人力量脫鉤，陰影的力量會變得更強，它會在你的痛苦上蔓延茁壯。你會變成無法跟生命中的一切際遇「真實互動」，而只能被迫做出反射反應。反射性反應帶有酸性、腐蝕性和破壞力。並不是說我們完全不應該有反射性反應。那是人類的自然反應，可以讓我們保持警覺和清醒。但我們還是可以學習跟經驗當朋友，以此來與外部世界互動，同時仍然讓自己感覺安全。

透過傾聽你的陰影，你會發現自己的另一面：那個隱藏在黑暗中、更強大、更明亮、更光芒四射的自己。

人生的逆境時刻，標誌著我們的人生正面臨關鍵性轉變。在這段時間，我們會與內在那個真實的自己更加靠近。靈魂一直在呼喚你採取行動，要你勇敢踏出那一步。勇氣和好奇心能讓你的道路往上提升，這條路會充滿祝福，當然也會遇到艱難阻礙。但整體來說，這是一條能讓你人生更加美好順遂的道路。

在這段內在航程即將展開之際，你會聽到靈魂對你輕聲低語：你已準備好要給自己力量了嗎？

自己給自己力量（self-empowerment）是一個很美的概念。找到內在真我的源頭，讓它在人生旅途中時時刻刻滋養你，無論順境或逆境，自我策動力就是你內在那個帶點瘋狂的自己，她提醒著你，你擁有與生俱來的力量和才能。她親身向你示範，如何為別人留出空間而不是去掌控別人。當你穩穩站在個人力量的圈子裡，你就能成為世界上一股向善的力量。不要試圖解釋自己，或硬要把人們拉到你這邊。你沒有要向別人證明什麼。你只是做你自己。

在一個講求權勢力量的物質世界中，我們一直都把「個人力量」跟「控制我們認定的對手」混淆在一起。我們試圖跟對方做出區隔、想要控制對方、在沙地上劃出界線，因此在自己內心餵養出許多恐懼。我們其實可以選擇另一種生存方式。放下我們想要主宰外在事物的那個需要，學習去駕馭個人的內在力量。

真正的戰場是我們自己內心的掙扎。你的生命狀態就是你內在意識根深柢固觀點的投射。在你開始跟內疚和羞恥感搏鬥之前，趕快住手！過去的傷痛、或現在正在經歷的痛苦，你未必要負所有責任，但你可以選擇接收這些經驗。你有百分之百的選擇權！

你能張開愛與信任的雙臂，去接受美好、同時也接受痛苦嗎？

如果你能接受你討厭的部分，就像你擁抱美好的部分一樣，那麼你就有辦法開始在生命中創造魔法。你可以令陰影歇息，餵飽痛苦的餓鬼，接受恐懼帶來的禮物。跟你內心湧出的情感與渴求同在共處。讓經驗觸動你、激勵你、改變你，而不是控制你。

當我們鄙視某個經驗，我們等於切斷了自己成長的機會。痛苦當中往往藏著訊息，我們卻經常忘記。痛苦往往是一種提醒。它是你靈魂深處的呼喚，它要你回歸幸福和健康。我們都知道陷入痛苦是什麼情況——它會讓你整個人失去活力、失去力量、失去自信和忠誠之心。

聽起來好像不怎麼好玩，是吧？但我們一直都在做這件事。一開始我們很容易就讓自己麻木，但是慢慢地，陰影愈拉愈長、範圍愈來愈廣，直到蔓延成一大片無處不在的黑暗。

當某件事讓你陷入痛苦，請不要忽視它或無視它的存在，要以開放的心態去靠近它。

找出痛苦的原因。與痛苦對抗只會造成更深的分裂。每次你一離開傷害和美好共存的那個當下，就等於放棄了自己的力量。

你的陰影就是你的痛苦和恐懼所在的地方。恐懼是一種徵兆，代表你正處在轉變期。當你承認你的痛苦並面對恐懼，你知道轉變正在發生。

每一個片刻，每一次際遇，你都會碰到一個核心問題。它會讓你深入地看到，你能接受什麼、你的感受是什麼、你選擇什麼想法。它會讓你看到自己的需求、願望，以及你是誰，或正在成為什麼樣的人。它會直視你受傷的地方。而最深的問題是：什麼東西賦予你力量？

每一個片刻，你都可以選擇要如何行動、如何與外在互動，或是做出反應。每一次經驗都在問你這個問題。這非常深層，也非常療癒。大多數人都只是在尋求別人的許可，尋求別人認同的想法、感受，以及生活方式。但你到底需要得到誰的允許呢？要記得，這個許可只來自你自己。

進入自己的心，問自己：這段痛苦的經歷讓我看到自己內在的哪個部分？我的恐懼想要告訴我什麼？

從某方面來說，你已經創造了這個獨特經驗，在這個經驗中，痛苦、恐懼和療癒全部一起發生。當我們為某件事情傷心，就是在祈求改變和成長的機會。傷痕就是證明，讓我們看到自己進步了多少。你想要改變嗎？

那就跳舞吧。用你的手牽起陰影。讓故事顯露出來。你是故事的創造者，而不僅僅是故事中的一個角色。如果你能活在當下並對自己誠實，你的生命歌曲就會改變，故事就會轉向，魔法就會開顯。

陰影總是讓人感覺黑暗、恐怖、充滿嘲弄和危險。她會引誘你陷入憤怒、恐懼、痛苦和悲傷情緒中。感覺就像一道滾燙、洶湧的熔岩在你血管中奔騰。但你的陰影並不僅僅是你內在不被接受、不被愛和未被療癒的部分；她也攜帶著美好的祝福。她帶來的最大禮物是「選擇」。

和陰影成為朋友，生命的創造權就會回到你手上。是因為你長期以來都忽視她，她才變成你的限制。她的面貌非常多樣：感到無助的你、害怕承諾的你、認為賺錢很困難的你。但其實你有辦法不要讓陰影在裡面翻湧，最後變成反射性反應表現於外，你可以就在她裡面找到平和與寂靜。你可以進入一個內在空間，在那裡提出問題，讓自己重新選擇：

你的陰影長什麼樣子？是又大、又嚇人？還是像一個緊握的拳頭，什麼光都透不進來？

你覺得別人做哪些事情會惹怒你？你自己也擁有那些特質嗎？

你的陰影是哪些牢不可破的信念？

你覺得自己的哪些部分讓你感覺可恥丟臉？

你在壓抑或排拒什麼？你會用語焉不詳的抽象語言來掩蓋什麼事情？

再深入一點，問問她……為什麼要這樣？

進入你的內在神聖空間，可以幫助你跟你的陰影溝通。當裂縫打開、陰影蔓延，試著與陰影共處，可減少她帶來的傷害。她在尋求認同、認可，她不想受他人控制，她想要證明自己有理由存在。

面對陰影可能非常困難，但這樣的努力會使你獲得自由。你會更認識自己，也會對生活中出現的負面想法，以及自我毀滅或限制性的信念和行為有更深的了解。

讓我們進入黑暗，開始挖掘你的光，讓陰影得以顯露她自己。

進入陰影，在黑暗中巡航

陰影是身體展示其形態的手段。如果沒有陰影，身體形態的細節就無法被看見。

——達文西

生命是一連續不斷的迴圈。有起有落，來來回回。你可能會覺得自己彷彿陷在無盡地獄的迴圈，永遠無法破除那個輪迴。有時炎熱、乾旱和乾燥；有時狂風暴雨。最讓你無法忘懷的是身陷黑暗的時刻。

塔羅的高塔牌是黑暗的一種象徵。牌面圖案有一座巨大高塔聳立在海上——雄壯、威武、高大、堅不可摧——但底部卻是裂開的。塔頂被閃電擊中。堅固的巨石被摧毀，倒落在海浪裡。它象徵著那些偽裝成事實的虛假信念已經終結——也代表你來到生命的窮途邊緣！

你必須學習在黑暗中跳舞。如果你站著不動，不做任何行動，不發出任何聲音，最後你就會變成一道黑影。你見過那些被黑暗吞噬的人，他們的人生整個被恐懼、成癮、痛苦和精神病症奪去。

與你的陰影共舞，穿越幽暗，與黑夜成為一體。黑暗是一首編制龐大、瘋狂的迪斯可舞曲。你未必一直都喜歡這種舞，但如果你讓直覺節奏引導你，你會發現，你的腳步自動跟著節拍舞動不停。有時必須把速度放慢，有時必須跳華爾滋，有時你只需要在黑暗中擺動身體！

幽暗、未知、黑夜、混亂……都不是你的敵人，無論你如何誤解它或與之對抗。你可以把它當朋友。它會測試你的極限，將你推向臨界點，並讓你看到你自己究竟是誰。

請記得，就算在黑暗中，你的內心仍存在著一絲光明的火花。所以，閉上你的眼，在黑暗中發光。聆聽節拍，堅持穿越到底。

你可能怕黑，但如果你試著學習觸摸它呢？

若能在艱難逆境中保持鎮定，你會感受到自己的堅強。當你克服憤怒，緊握拳頭、咬緊牙關，就像地震發生時用力撐住自己，過後會感覺如釋重負。我們很容易會去避開那些覺得可怕的事情……因為我們不想面對未知。但為什麼你會害怕黑暗呢？你是什麼時候開始對黑暗有不好的感覺？

是不是有人跟你說黑暗是不好的？

你小時候，是不是有被夜晚出現的恐怖碰撞聲或躲在床底下的妖怪嚇過？

你的陰影擁有什麼樣的信念？

它們可能會這樣想：

沒人在意我。

我不夠好。

反正沒人在乎……我何必呢？

反正都是別人優先。

我要是誰誰誰就好了。

為什麼他們能得到所有關注而我卻沒有？

我無法原諒自己／他們。所以我一定是壞人。

不要因為你有這些感覺而批判自己。不要覺得丟臉或責備自己，只要察覺你的感受，問問自己：背後真正的原因是什麼？為什麼我有這樣的感覺？

這些感覺並不是自己無故出現的。它們是從很久以前的經歷和事件中慢慢形成的。很多時候，這些陰影信念可追溯到我們的童年。水晶治療師黛安．布魯姆（Diane Bloom）說過：「我們都需要療癒，因為我們每個人都有童年。」

也許小時候，你因為「不乖」而受到處罰。可能因為一氣之下揍了你的兄弟姊妹。可能因為沒有寫作業，因為做功課很無聊。當時，你的父母或老師可能會罵你，給你貼上「壞孩子」的標籤，或說你是懶惰鬼。有時候，你還因此被處罰。

也有一些時候，你「很乖」，比如你很安靜不吵鬧，你就會得到獎勵，大人會稱讚是「好孩子」。

這種處罰／獎勵的循環，加上我們對安全感和被愛的需求，因此製造出陰影。所有「好」的一面都會變成我們向世界展示的面具，而其他「壞」的部分則被收進衣櫥裡，很少顯露於外。

我們花了非常多時間努力逃避困難。這是源於我們對於控制的需求嗎？

你可能會擔心，萬一你觸碰到黑暗，你會像一滴水消失於大海中，進入永世幽暗的陌生國度，再也回不來。但你為什麼會擔心這些呢？搞不好黑暗中的某個地方，真的有一場盛大嘉年華會，在等著你去穿越你的陰影呢！

有些人會迷失在自己的陰影之中。你可能會被自己的黑暗所吞噬。憂鬱會像老鷹的利爪般把你攫住，永遠不放你走。憤怒會從內到外讓你整個人著火燃燒。如果你放任這些較低層次的情緒，它們就會將你吞噬。人之所以成為黑暗的囚徒，是因為他們把自己的力量全都交在恐懼手上。

跟黑夜做朋友吧。

與你自己內部的黑暗結合。學習與混亂和不確定共舞。學習與自己不可愛的部分相處。如果你不敢注視傷口，傷口就永遠無法癒合。你必須算好那個損失的後果。如果黑暗裡面真的藏著怪物，那麼你閉上眼睛不看它們就會消失嗎？

你最害怕的東西也可能是你最好的朋友。

我們是透過自身性格的反面力量來學到功課。你無法在真空中生存。光明和黑暗必須並存，你才能看見真實的自己。我們都是光明與陰影的交互作用；少了其中一方，另一方也無法存在。這就是平衡。

要有好的技藝才能拍出好照片。一位才華橫溢的攝影師絕對了解光線與陰影的遊戲，他們知道如何同時利用兩者的強項來捕捉美好的畫面。而所有優秀的藝術家也都知道一個道理：唯有了解規則，才可能打破規則。

勇敢一點，大膽走進去，走在中間地帶。讓你的黑暗向你顯現一些你以前不知道、或從來不想知道的東西。如果你任由它將你吞噬，你會變得麻木不仁，你會失去激情熱力，若無熱情，萬物就無法生存。

熱情是世間萬物的生命泉源。

熱情是植物的陽光。熱情是壁爐裡的火焰。熱情是心中的愛。熱情是一股無形力量，存在於萬事萬物的內部，當這股能量被活化啟動，它會像火花一樣迸發出生命，創造出美景。如果你麻木無感，你不可能擁有熱情。如果你害怕踏入未知，你也無法感受熱情。

熱情始於好奇之心。

你可能會說：「好吧，那我怎樣才能跟陰影當朋友呢？」

很簡單：進去陰影裡面。你害怕什麼東西？如果你害怕跟陌生人交談，那就好好深入這種感覺，然後找出原因。也許這就是你找不到伴侶的原因。也許你內心深處害怕被拒絕。把你的力量拿回來，鼓起勇氣，去跟人交談。

如果你不知道如何克服那個焦慮，那就不要想太多，直接跳進去。那個未知的空間就是你的好奇心。那是你的本能，當中不存在小我意識和先入為主的觀念。從你的最核心部分開始行動，在那裡，光明和陰影共存，像兩條小支流匯合成一條大河。

學習放下

關於放下，薩欣講了一個非常有趣的故事：

”

大一那年，剛開始學習基礎繪畫，我的教授讓全班同學做了一個非常有趣的繪畫練習。他要我們拿出一張白紙和一塊木炭，用木炭將白紙全部塗黑，最後變成一張沾滿厚厚黑色炭粉的畫布。然後他開始用投影機播放幻燈片，是一些夾雜著白色細條碎片的黑色抽象圖畫。

教授要我們按照投影片上的圖像，在我們自己的畫紙上將黑色木炭部分刮掉，讓白色部分透出來。整個過程，我們都不知道自己這樣做到底要幹麼。我們只能相信教授的指示。那些圖案看起來就像黑與白、光與影的隨機交錯組合。

來到最後一張幻燈片，我們按照指示在畫紙上刮掉木炭，最後他叫我們停下來，注視自己眼前的畫紙幾秒鐘，看看能看出什麼。我覺得很洩氣，因為怎麼看都是亂糟糟的一大團東西。接著，他要我們把畫紙轉個方向，直到他喊停。畫紙轉了方向，我眼前的圖像也跟著變了。

用新的視角、新的眼光來看這張畫紙，我看到一個男人彎腰蹲著，手上捧著一個骷髏頭，做出沉思的姿勢。幾分鐘之前，我根本沒看到這個畫面。我在完全不知情的狀況下創作了這張圖。只不過將畫紙轉個方向，那些抽象的圖形和陰影就拼成了一幅圖畫。

這經驗讓我印象深刻，啟發非常大。我學會放棄掌控，跟未知一起行動，讓黑暗來引領我。

如果我們能學習帶著好奇心來生活、從不同角度看事情，那會怎樣？改變觀看事物的方向，從正面和側面（甚至從背面）看事情，跟恐懼握手，並對帶有無窮潛力的豐富黑暗面保持好奇——這就是創造力的溫暖子宮。

此時此刻我坐在這裡寫書，天空正下著大雷雨。她正在淨化、醞釀和更新自己以及她腳下的世界。許許多多的魔法都來自這樣的釋放時刻。潔淨之水洗去痛苦和恐懼，將內在的美麗之光顯露出來。雨水對我來說一直都是一種象徵，暗示著內心正在發生深層的改變，它也是在提醒我，要尊重自己內在擁有的力量。既然具有更新的力量，代表它們也具有破壞力。

但毀滅不就是重生的同義詞嗎？

最近我剛經歷過一場大風暴。我整個人被拆解開來，內在的弱點和強勢之處全都顯露了出來。一樣東西暴露出來，我承認它，然後繼續下一樣東西。在這種光明與陰影的個人舞蹈中，我了解到自己究竟是什麼東西組成的，這讓我感到安心。

在這些將你推向極限邊緣的重要時刻，力量會顯露出來。

啪的一聲打開後，你裡面的東西就會全部露出。你裡面有一個難以捉摸的、層層重疊的世界——那個世界充滿痛苦、恩典、記憶、經驗、恐懼和想法，在那裡，光明和陰影共同孕育著你的個人力量。

意想不到的變化會讓恐懼冒出頭，促使我們向內覺察。舊有的信念和夢想或許會消失，但它們也揭露出新的可能性，那光滑、結實，而且甜美的新鮮肉體。新的滋養意圖得以萌芽。這是一種內在煉金術，在那裡，你透過淨化和捨棄來找到你的恩典。

你能張開雙臂，接受改變之雨的滋潤嗎？

顯露自我陰影面的煉金之路

人生有時就像一個黑洞，一直要把你吸進去。你覺得非常疲憊、挫折不堪，再也走不下去。你想爬回床上，忘記這世界對你的一切要求。親愛的！這些我們都完全感同身受！有時事情似乎變得很糟，你不知道怎樣才能讓它變好。

很多人都能體會那種充滿陰霾、人生失衡的時刻。我們覺得自己跟生命完全不同調，也完全聽不見自己心裡的智慧話語。

社會一直努力要把我們變成這種人，讓人失去覺知意識，變得不健康。趕快埋頭專心工作！小孩子有嘴無耳！閉上嘴巴，不要問問題。不要搞破壞。要當個正常人。照上面吩咐的去做就好。努力工作然後過勞死。我們不斷向外追逐，讓我們的靈魂離真實生命愈來愈遠。難怪我們大多數人都變得很不健康，生活一點都不快樂，人生充滿疑惑苦惱。

說這些不是要指責誰，也不是要把自己變成受害者。這些都是我們自己的親身經歷，也是很多人的真實情況。但是，只要你決心去面對恐懼、拿回自己的力量，情況就可以改變！

給自己一個大大的擁抱和親吻。耍一點小脾氣，如果需要的話，把一些東西砸爛。打電話去公司請假。取消你的行程計畫。把眼睛哭到紅腫。吃一大桶冰淇淋。跟你的黑暗在一起！

透過關心自己來培養個人覺知意識，是幸福的重要元素。無論你是一個注重靈性修練的人，或者只是渴望擁有一個健康圓滿的人生，很重要的一件事情是，要去思考你跟自己的關係。個人成長的真正核心，是你需要跟自己建立正確關係。

薩欣描述他如何走過這個歷程：

”

我一直都在自我探索，想要了解我的內在靈魂、我的陰影、以及日常生活中的那些包袱底下隱藏著什麼禮物。但人生難免起起伏伏。學習從中找出方向，確實不容易。沒有人能夠什麼事情都看得清清楚楚，但保持開放和好奇心是關鍵。

可惜的是，我們的社會並不鼓勵一個人向內探索和自我覺察。我們不想找出真正的病根，只想趕快解決表面問題，更糟糕的是，完全無視疼痛的傷口正在潰爛。直到最後，那傷口變得太痛了，無法再當作沒看見，我們才去尋求緩解。

見證痛苦和療癒的故事

薩欣經歷過許多生命故事：

”

作為一個直覺力很強的人，我親身見證過許多痛苦和療癒的深刻故事。其中一些是我自己的經歷，另一些則來自我的許多個案。我發現一個共同點是，大家對於自我完整與健康的深切渴望。但唯有當我們以光明去照亮痛苦、進入痛苦之中，並渴望做出改變時，才可能實現完整的自我。

人們都希望擺脫地獄和困境的輪迴，從中得到解脫。單看外在結果，恐懼和痛苦確實使人變得虛弱。但療癒是從內部開始的，我們必須學會尊重自己的陰影部分，因為那才是療癒的真正起點。要走出奇蹟思維，不要用水晶、祈禱詞和一堆正向肯定語來掩蓋傷口。

我們需要從根基開始，從我們自身陰影的肥沃土壤為起點。

工具有其價值。接下來你會學到所有可以改變你生命的工具和技術。但這些都只是你走向內在的方法。工具是那把鑰匙，傷口是切入點。

儀式、能量工作和自我探索是你個人靈修實踐的基石。療癒和建造內外更為一致的自我，是有意識朝正確方向持續前進的步伐。靈修能讓我們積極參與自我療癒。但靈性淨化和療癒的真正奧祕是和自己對話！

要跟自己建立正確關係、展開深層療癒，你必須面對自己的陰影。要讓你的精神靈魂、心理／情緒狀態，以及生活各層面徹底改變，你必須願意停下腳步，靜下來傾聽心裡真正的聲音。

如果不承認自己陰影裡面的傷口，靈性工具不過就是一塊ＯＫ繃而已。我們對於靈性圈的做法逐漸感到不足，因為它並不會帶來永久性的改變。如果你只是把傷口縫起來，不先取出裡面的炸彈碎片，最後一定會從裡面化膿，潰爛到表面。整個傷口會變得很醜。

暫時性的紓解有其好處，因為它能讓你稍微釐清一點事情，也讓你看見希望。但你真正想要的是徹底療癒，壯大自己，這樣你才能從無能為力變成強大有力。

觀想、儀式、把問題和想法記錄下來，這些練習都有幫助。它們可以溫和推動你去自我探索，認識自己是誰、你的腦子和心正在發生什麼事、為什麼會有那些想法和感受。必須從根部開始，因為斬草若不除根，春風吹又生。

一開始，請為自己創造一個空間：一個安全的環境，讓你可以放開自己、展露脆弱的一面，完全赤裸表達你的感受和經歷。你不必再隱藏你的痛苦；是那些傷口使你變得強大。你的痛苦可以幫助你釐清人生目標。孤立和孤獨會滋生受害者心態，讓你陷入限制性的循環中。

那麼，當又黑又長的陰影出現時，該如何跟它對抗呢？

停止戰鬥！這是第一步。當你對某件事情感到幽暗漆黑、覺得困惑，或是感到悲傷難過時，請把它當作一份獲得洞見的禮物，不要把它當成敵人。這些黑暗、失衡的時刻，是你的靈魂在對你說：「哈囉，你已經跟你的良善與恩典脫節。趕快回來吧！」

就像一條魚離開水，你開始感覺自己每一個細胞都因脫水而萎靡不振，因缺乏愛而感到飢渴。你發現自己渴望精神和情感的寄託。這是因為我們的自然狀態就是身在恩典之中、活在當下、隨順因緣流動，而不是活在我們稱之為「真實」的沉重、黑暗、脫節和僵化現實中。

找出抗拒的根源

進入你內在那個感覺失落、破碎和創傷的深層空間。隨著呼吸將覺知意識注入你的身體、頭腦和心。允許自己去感受這個被你封鎖了很久的空間，看看裡頭究竟發生了什麼事——無論是恐懼、內疚或是羞恥感。如果你能在這些不舒服的地方跟自己好好相處，就可以解開糾結，放掉抵抗，釋放你陰影中的那些餓鬼，讓他們得自由。

如果你想要改變你的環境，請繼續深入探查，看看是什麼東西在餵養它。透過一些簡單練習，我們可以暫時緩解一些沉重和痛苦的感受。但如果你一直糾纏在某件事情中，脫不了身，唯一真正的解決方法就是想辦法擺脫它。

給自己一點時間，真正深入去了解，開始問自己，為什麼會這樣？

一旦你與你的陰影面、你的痛苦成為朋友，你會發現自己可以在黑暗中跳舞。你能夠與你的光明和陰影進入神聖交流，開始生出某種自然節奏和流動。陰影本身並不是壞東西；是因為你拒絕了陰影才導致痛苦。

這件事急不得，需要花點時間。請對自己多點溫柔，以慈悲心對待自己。羞恥感、恐懼和內疚無助於療癒。一開始我們可能需要對表層下工夫，直到我們能夠打破外相，深入到內裡真正力量的所在。

邀請自己給自己空間，來跟自己培養適當關係。給自己空間安靜聆聽，不要立即對你的真實感受做出反射性反應。

問自己：是什麼東西在推動我的恐懼？（而不是問「我在害怕什麼？」）

問自己：是什麼東西導致我痛苦？（而不是問「我哪裡覺得受傷？」）

某件事讓你覺得難過，那就難過。不要告訴自己不能有那種感覺，也不要因為覺得自己一點都不陽光、不彩虹、不閃閃發光而感到內疚。這些都沒關係。就是不要對自己的感受說謊。

給自己一點時間，對你的陰影表達感受。對你的陰影保持開放、誠實和坦誠。顯露你最深的痛苦、失望，甚至怨恨的感覺。

你對自己的陰影有什麼感覺？

她對你做了什麼事？

你生活中哪些地方讓你覺得施展不開？

你錯失了什麼事情？

為什麼你會看輕自己？那是什麼感覺？

把這些都對你的陰影開誠布公。

帶著勇氣和好奇心，真正去碰觸你的陰影。接受她，她在這裡是為了提醒你，要更深入自己的心、更努力去愛人，以更優雅的身姿隨順因緣流動。

溫柔地問她：為什麼你會在這裡？

聽聽她怎麼回答。

給自己一點時間思考以下問題：

你記得自己因為哪一件事情行為不當而受到處罰嗎？

你的家人如何處理情緒感受？

他們是否鼓勵你自由表達情緒感受，或是告訴你某些情緒是「不好的」？

是不是有某次你表達了自己的需求但他們卻要你閉嘴？

當時你有什麼感受？

你的父母親是否會對你表現他們的愛？還是不會？

當你覺得被某位權威人物否定時，你感覺如何？當他肯定你時，你感覺如何？

在你家裡，哪些情緒被認為是「不好的」？哪些情緒被認為是「好的」？

現在你會用什麼方式來表達憤怒、恐懼、憂鬱或其他所謂的負面情緒？

你的陰影對你說什麼話？

為什麼你一直感到害怕？或覺得生氣？或覺得孤獨？

問問你的陰影，她是怎麼長到這麼大的。

問問你的陰影，如何幫助她療癒。

把你的回答寫下來，並留意你的感受。以溫柔之心對待自己。然後用新的、更柔和的目光重新檢視一次，並問自己：為什麼我一直以來都不想去看我的陰影？

你可以用任何方式來進行這個練習。可以觀想你的陰影是一個人坐在你身邊。你也可以拉一張椅子讓陰影坐在你面前，跟你一對一交談。只要把你對陰影的感受說出來就好，她會傾聽。寫信或寫日記也可以。也可以用畫圖或拼貼或舞蹈。當你的陰影聽你說話，你也必須聽她說話。

把心裡的煩憂都宣洩出來，做個深呼吸，然後穿上你覺得性感的衣服，並提醒自己：

你真他媽是個強者吔！

你是真的很強大，比你想像的還要強大。你是一個活生生的神祕存有，全身是光，滿身魔法，甚至可以翻轉整個世界。所以，不要迴避你的黑暗面，也不要迴避你的光明。

我來告訴你為什麼。世道或許艱難，生命老是對你拋出一些大曲球。但你可以選擇如何參與那齣戲。人生注定會經歷一堆負面、沉重和黑暗，這些都是千真萬確的事情，但它也是你挖掘自身內在魔法的過程。

勇敢活出自己

若我說你就是一束強大的光，你可能不相信，但你確實就是！你真的很美，活力充沛，完全有能力靠自己的力量勇敢活出自己。

你的神聖療癒早已啟程。面對陰影會讓你重新編織自己內在的碎片和遺失的部分。這不是你做完就沒事了；它是一輩子的旅程。生命是光明與陰影之間的一支舞蹈；正是那個明暗對比造就了你的全部人生。

走進真實世間，活出自己。陰影是源於缺乏愛，是因為你把自己內在分為好的和壞的部分，才生出了陰影。當你和你的陰影溝通交流，你會發現，她只不過是你內在想要被看到和聽到的那些美好部分而已。她想要在這世間保有她的真面目。

把人生當成藝術來活。如何讓自己的人生變得神聖？我偷偷告訴你一個小祕密：你的生命本身就是神聖。你的生命本質就是創造力。你要做的只是跟上宇宙的腳步。

想要跟上腳步，試著問自己：

是什麼在阻礙我？
我在害怕什麼？
什麼事情我覺得太危險？
什麼事情讓我既興奮又有點不安？
我從來沒有（……），因為我害怕（成功、失敗、嘲笑等）？
什麼在餵養你的靈魂？
什麼事情讓你的心歌唱？
什麼事情帶給你快樂？
閉上眼睛想像，如果「一切」都「完美到位」，我會想要實現什麼夢想？

當我（……）時，我感覺自己非常輕鬆且活力滿滿？

大聲表態是最基本的自我表達。

走出去，進入塵世人間……現在就行動！選擇某些帶點危險但能讓你的心歌唱的東西。選擇一些超出你舒適圈、超出你預期，但當你夢想時能讓你內心微笑的事情。現在就去做！

可以是一個小小的行動，也可以是一件大大的作為。你可以去咖啡店點一杯會讓你肥死的飲料，而不是健康飲品。如果你平常不化妝，今天可以塗上紅色口紅去上班。對你的老闆／朋友／合作夥伴說「不」，就算這樣會讓他們失望。不管你做什麼……都為你自己而做！

這是你邁向創造力和靈性生活的起步。療癒之路就是活出自己、與充滿創造力的未知事物溝通的一條道路。這是一次薩滿旅程，一條煉金轉化之路。

生活中發生的每一件事，你都可以自己選擇要用什麼方式去回應、反應和參與其中。別忘了設定好界限。要擁抱陰影，清除內心的喋喋不休，挖掘真實自我，界限非常重要。

當你想說「no」的時候就說「no」，當你想說「yes」的時候就說「yes」。

用你的聲音說出來。這是你能做的最有力量的事情。如果你不說出來，沒人會知道你的感受、你的需要、你的渴望，或是他們應該為你做什麼。大聲、清晰地傳達你的界限。任何與你個人實相和幸福相悖的東西，你都不需要給它們存在空間。

當你感覺沮喪、憤怒、挫敗時——也請發出你的聲音。你可以大聲尖叫一下。然後說出你真正的想法。不要迴避你的渴望、你的需要，或你的真實感覺。那些才是你生命中最重要的東西；其他都可有可無。

你必須帶點瘋狂才能活下來。你必須夠魯莽大膽才能展露真實的你並使其成長茁壯。時時回到自己的內心，與自己的真實感受連結。如果你知道什麼會傷害你，就會知道如何轉身離開。如果你知道什麼能夠滋養你的心，就有辦法讓自己活得自在流暢。

無論是後退還是向前，請用這句神聖咒語陪伴你邁出每一個步伐：「我是神聖之光的一粒火花，以魔法創造出無比美好、充滿色彩的神聖生命！」

3

進入內在

人很容易因外在事件而分心。創傷和激烈情緒讓我們偏離內在核心，遠離我們自身的內在智慧。我們每一個人都帶著傷痕，努力應對外在世界發生之事，但相對付出的代價是完全忽視自己的內心。如果我們想要療癒自己，讓自己成為完整的人，那麼內在工作是必要的——因為慈悲心乃是始於內在。

無論外面發生什麼事，如果我們能跟自己建立健康的關係，我們跟外在世界的關係也會變得更好更順利。如果我們能夠承認自己的陰暗面，跟它們當朋友，我們會變得更勇敢、更仁慈。試想，如果所有人都能這樣做，那會是什麼景象！如果我們能夠原諒自己、溫柔對待自己，那世界會是什麼樣子？

向內覺察（introspection）是陰影工作非常重要的一步。當我們向內看，會開始看到那些非常嚇人、幽暗漆黑的空間，那些部分，就是需要我們給予同情和愛的部分。進入那裡，我們才能跟自己成為朋友，而不隱瞞任何缺點。

那我們要從哪裡開始呢？

嘗試靜坐冥想

靜坐冥想是一個好方法。

「啊，可是我沒辦法靜坐吔」，你心裡大概正在這樣想。但真的是這樣嗎？很多人都覺得靜坐很困難，大概只有極少數開悟的人才有辦法靜坐吧，他們可以一動不動坐上好幾個小時，腦子一片空白什麼都不想，連最討厭的蒼蠅也不會讓他們分心。

容我告訴你：那個不叫靜坐——完全不是喔！靜坐冥想就只是靜靜坐著，觀照當下正在發生的事情。它是練習專注心念（正念）並與自己和諧相處的一種方式。雖然有些較正規的打坐冥想需要練習特定呼吸法或觀想法，但一般大多數冥想練習都只是觀照呼吸出入息。只是這樣而已。

但這還是需要花點心思來練習。光是靜靜坐下來觀察呼吸，對很多人來說就是個大挑戰，尤其是天生個性比較躁動，或因身體問題而很難安靜坐著的人來說更是困難。這也是很多人嘗試冥想練習，但很快就放棄的主要原因之一。那麼，當身體和頭腦無法配合時，要怎麼開始冥想呢？

一開始只要每天靜坐幾分鐘。這樣就好。

就算只坐五分鐘，也會帶來重大轉變。容易煩躁、焦慮不安的人，光是這幾分鐘，就能讓他們在一天當中擁有一個安靜的空間，讓他們的心念安靜下來。只要開始這樣做，很快你就會發現，生活中各個方面都得到改善。

靜坐冥想可以降低血壓，也有助於減輕壓力。它可以降低焦慮感，提高專注力。靜坐可以促進正常消化，減少體內發炎症狀。更大的好處是，它可以讓你的心念更專注，而心神處於正念狀態，正是你在面對事情時能否有更好表現的關鍵。

這是事實：很多人在做決定或採取行動時，並沒有考慮到那件事對自己、對別人或對地球可能造成什麼影響。你上一次想到刷牙時的用水可能會對地球母親造成何種影響，是在什麼時候？如果你心念夠專注，那麼你可能就會三思，漱口時是不是該同時打開水龍頭讓水一直流。當你在某人的社群媒體帳號上發表意見時，是否會停下來想一想，你的言論會不會傷害到那個人（就算是出於善意）？同樣的情形，如果你心念夠專注，可能會在送出評論之前先三思。心念專注可以為你帶來平靜。

靜坐冥想可以為你帶來這些好處。對於任何關心這件事的人來說，靜坐冥想是療癒陰影、讓世界變得更美好的一把關鍵鑰匙。

以下提供一些靜坐冥想的小技巧：

1. 找一個安靜、不受干擾的地方。可以是專門用來冥想的房間，也可是臥室的一個角落。如果你家裡有其他人或寵物，請把房門關上，並在門把掛上請勿打擾的標誌。

2. 讓房間溫度保持適中、舒適。如果溫度太低，你沒辦法好好靜坐，因為你會一直專注在很冷的感覺上。如果房間很冷，請務必多穿幾件衣服，身邊準備一些毯子。

3. 用自己感覺舒服的姿勢進行冥想。對某些人來說，盤腿坐著很舒服。但對另一些人來說，坐在椅子上比較合適。有些人喜歡躺在地板、沙發或床上。有些人因為身體狀況，坐在輪椅上或身體周圍鋪上墊子和枕頭會比較舒服。找到你覺得舒適的方式，坐定下來。

4. 選擇一個注意力專注的焦點。可以把注意力放在腹部的起伏，或是鼻孔進出的出入息。

5. 觀照你的呼吸出入息，不要試圖改變它或控制它。讓它自由來去，觀照它。如果你的腦子裡突然出現一個念頭，先為這個念頭做標記，然後把它放掉。舉例來說，如果你發現自己開始規劃晚餐要吃什麼，就把這個念頭標記為「規劃」，然後把注意力拉回來觀照呼吸。這個動作可能會一遍一遍重複發生，不要擔心——你正在了解你大腦的運作方式！

6．不要評斷你的做法是「錯」還是「對」。只要它適合你，那就這樣做。這完全因人而異。

7．至於要坐多久時間，只要你覺得舒服，要坐多久就坐多久。剛開始你可能只能坐個三分鐘。沒關係！目標是每天大約五分鐘，雖然這有點難度，但你一定要相信自己有能力做到！

8．每次靜坐冥想後，最好可以稍微記錄一下心得。準備一本隨身筆記，記下你的觀察結果。隨著練習漸入佳境，日後重新回顧這些筆記會很有趣。

以下是一個簡單的靜坐冥想練習，不妨試著做做看。

慈心冥想

當你對外在現況感到傷心，或跟你討厭的人打交道時，很適合做這個冥想。同理心比較強的人，通常很容易因為別人的顛倒是非或刻薄言論而感到心累。這個冥想可以將你拉回到慈悲心境。

讓自己舒服地坐著，閉上眼睛。開始觀照呼吸。吸氣時，心裡默想：「願我遠離痛苦。」吐氣時默想：「願我平靜。」隨著每次吸氣吐氣，重複這個咒語。這樣持續做幾分鐘。

如果你覺得某些人或事件讓你感到失望，或你因此不平靜，也可以把這個咒語導向給那個你討厭的人／外在事件／世界領袖／媒體中的負面人物等。你可以把「我」換成那位你討厭的人的名字。例如：「願鮑勃遠離痛苦。願鮑勃平靜。」向這個人發送正向能量，你就打破了你們之間的負向連結。更重要的是，這樣做等於你在送出療癒和慈悲心。這正是面對所有負面情緒和事件最需要的東西。

請記得：傷心的人會傷害別人。慈心冥想可以讓這個情況得到轉化。

EFT 情緒釋放敲打法

你本身就是一個由能量組成、不斷在成長和擴展的小宇宙。我們把這個小宇宙稱為「能量故事館」（energetic story），當中包含了你所有的人生經歷、創傷和信念。你所有的人生敘事，就是根據這個能量故事館的內容來書寫的。

科學告訴我們，能量不會無中生有，也無法被消滅，它是一種恆常的振動。能量振動決定了一切事物的外在色身形態。振動頻率改變，色身形態就跟著改變，如果你改變外在形態，你的整個生命樣貌也會跟著發生變化。

舉個例子：如果我們現在要運作的能量是水，振動頻率會決定水的形態。從低頻到高頻，水的形態分別是冰、液體、氣體。都一樣是水，但振動頻率不同，形態也跟著改變。你的能量故事館也是以這樣的原理在運作。

如果你的能量一直維持著過去創傷或舊有信念的振動頻率，你的人生就會一直重複同樣經驗。當你改變能量振動，你的人生就會跟著改變。理論講起來很簡單，但實際做起來需要花點功夫。這就是為什麼意圖意念這麼重要！

改變能量振動、清除舊創傷的一種方法是使用ＥＦＴ（Emotional Freedom Technique）情緒釋放敲打法。ＥＦＴ是一種由內而外改變能量振動的方法。根據 EFT-Alive.com 網站所述：「所有負面情緒和信念產生的原因，都是因為我們的身體能量系統受到干擾破壞。」因此你要運用你的身體和意圖，來移動那些被阻塞的能量。

ＥＦＴ運作的前提理論是：我們的身體內部有許多稱為「經絡」（meridians）的能量通道，這些能量通道對於人的健康或不健康影響甚鉅。如果你的能量可以在經絡中順暢流動，你就會很健康，如果因為過去某些創傷導致能量通道卡住或阻塞，你就會生病。

進行ＥＦＴ情緒釋放敲打技術，是先確認你所經歷的阻礙或創傷，然後去敲打它的能量振動。由於能量不受時間和空間局限，因此當下此刻和你第一次經歷這個創傷時的能量沒有不同。你可以回憶當時的痛苦，然後開始將它從過去移動到此時此地，就像你會用塔羅牌來觀看你過去發生的事情，看清它的完整面貌，然後開始重新編寫它！

情緒感受製造出的力量相當巨大。如果你能有意識地去感受某樣東西，就可以在你生活中去活化那個振動。就像你很容易就創造出匱乏，你也可以運用你的情緒、能量、魔法和意圖來創造豐盛。相信一件事情相信到極致，那件事情就會成真。因此，要緊的是，情緒感受出現時，要允許它存在，與它共處，然後放下它。否則，它就會變成一顆種子，藏匿在你的能量場，在那裡生根發芽，開出不斷重複的經驗之花。

要經驗負面情緒、回憶創傷，然後有意識放下它、不受它永無停歇的干擾，方法有很多，ＥＦＴ情緒釋放敲打法就是其中之一。EFT-Alive.com 網站如此解釋：「ＥＦＴ的工作原理是，透過有意識地回憶某次痛苦經驗，或單純感受你的情緒，來活化某個能量干擾。然後藉由拍打來清除那個干擾，你會發現負面情緒不見了。」

不僅負面情緒會消失，它的移轉還會因此騰出空間，讓新的振動去填滿那個空間。無論從什麼角度看，帶有意圖的移轉都是創造改變的關鍵。我沒辦法告訴你ＥＦＴ對於治療身體和疾病的實際益處，但我發現，如果我們想要清除能量上的阻礙，這個技術確實幫助非常大。

如何進行情緒釋放敲打法

自己進行ＥＦＴ很簡單。先回想你要化解的創傷、負面經驗或情緒，然後連續敲打身體上的幾個特定部位，就能釋放或轉化能量。

1．確認你要釋放什麼。可以是某次非常具體的創傷、某種情緒感受，或是現在正在發生的事情。用一個簡短明確的句子來概括這個經驗。可能是某段記憶、某個當前問題、某種感覺等等。一次只處理一個問題就好！例如：我覺得很孤單，或是我討厭我的工作，或是我的父親從來都不支持我。跟正向肯定語的句子不同，這裡的句子必須是負面的否定句。因為你現在是要試圖喚起你的負面情緒，以便透過敲打將它釋放。

2．以0—10分的等級標準，幫這個感覺的痛苦程度打分數。我們等一下會用這個分數來確認你要敲打到什麼程度。重點就是，要敲打到你不再感覺痛苦為止。

3．設定此次敲打療程的目的，用一個簡短的句子來描述這個創傷或感覺，接受它，然後你才能釋放它。ＥＦＴ敲打法最常用的句子是：「雖然（我如何如何），我打從心裡完全接受自己。」你可以依據自己的情況更改內容，但這是最常被使用的經典句型。

4．現在開始敲打：

(1)手指伸直，雙手以手刀方式快速相互敲擊左右掌側（或是以單手敲擊另一隻手的掌側）。一面重複說這句話兩到三遍：「雖然（我如何如何），我打從心裡完全接受自己。」

(2)用整個手掌快速敲打頭頂，重複一次你的句子，但是略過「雖然」的部分。

(3)用指尖輕敲眉頭（靠近鼻子的部位），左右兩邊或任何一邊，重複你的句子一次。

(4)用指尖輕敲眼尾（左右眼或任何一眼），重複你的句子一次。

(5)用指尖輕敲眼骨下方靠近鼻子的地方，重複你的句子一次。

(6)用指尖輕敲鼻子和嘴唇之間的人中部位，重複你的句子一次。

(7)用指尖輕敲下巴，重複你的句子一次。

(8)用指尖輕敲輕左右鎖骨或其中一側，重複你的句子一次。

(9)張開手掌輕拍腋窩下方數公分處（也可敲打單邊），重複你的句子一次。

(10)輕敲兩手手腕，一面重複「雖然（我如何如何），我深深地愛自己、接受自己、原諒自己。」

(11)依照上述順序重複再做一次。

5．現在你已經完成兩次全套敲打，請評估一下你現在的痛苦感分數。如果降到1或0，就可以停下來，不用再敲打。如果痛苦感還是很強烈，那就再次重複整套敲打動作。這次你可以修改原來的句子，來反映你當下的感覺。例如：我現在仍然覺得孤單，或是我仍然難以忍受現在的工作。

任何時候你覺得需要，隨時都可以進行這個ＥＦＴ情緒釋放敲打法。每次我需要快速轉換情緒時，發現這個方法很好用。只要到洗手間，花幾分鐘敲打，事情很快就有了轉機！

網絡上可以找到很多關於ＥＦＴ敲打法的資料，我們在這裡提供的是大部分人都適用的基礎方法。你可能會在不同資料網站看到，做法略有不同。如果你本身是屬於視覺型的人，可以藉由一些影片來幫助你了解這個敲打法。若想了解更多資訊，可拜訪 EFT-Alive.com 和 thetappingsolution.com 這兩個網站。

與自己和世界連結的其他方式

在逆境中展露光芒與魔法

薩欣一直活在夢土的邊緣，他是自由奔放的靈魂，舞動於有形與無形世界之間：

”魔法就在我們身邊，魔法的根源卻在我們心裡面。大多數人都會害怕這股與生俱來的力量。我的魔法一直都活在我裡面，它想要展露出來，分享給世人。

我最喜歡的儀式是，黑夜時分在明亮的滿月下旋轉舞蹈。我以熱情旋轉，以優雅之姿旋轉。我的翅膀輕如薄紗在月光下飛舞，超越有形，進入某種奧祕——一個由月亮之火餵養的白色小女巫。

同時活在兩個世界

一個是理性思維的世界，是你可以觸摸到的世界，是所有人定居之地。我們大多數人都對這個世界太過了解，以致感覺自己被困在其中，重力令人感到沉重，經常覺得要被現實壓垮。

另一個是短暫存在的無常世界。那是我們內在的世界。是一個存在一切可能的夢之世界，一個被遺忘的領域，但魔法在那裡生機勃勃。這是創作者、藝術家的世界——一個充滿活力的詩意世界。

很多人都渴望那個地方，但很少人真正體認到這個世界的存在，儘管大門一直都在那裡，等待著被人開啟。那道門並不在你身外；它在那條通往你內心世界、你的真我、魔法和靈魂的神聖結界之路上。

當你學會同時活在這兩個世界，就能賦予自己力量。如同行走於水域邊，一邊是海洋，一邊是陸地。中間地帶蘊含著一切可能。想像與真實合而為一，充滿神聖的恩典與潛能。

神聖空間可以改變你的人生

你想要改變自己嗎？為自己創造神聖空間，是讓你真實活在當下的一個方法。當你創造神聖空間，等於允許自己放掉負面生命模式，有意識地播下改變之意圖的種子。

任何人都有能力創造神聖空間。當你花時間做這件事，就是承認存在於你內心的那股生命力。從較深的層次來說，你是在滿足內心對於寂靜和碰觸神祕之境的需求。

✦創造儀式✦

儀式是所有靈性傳統的核心，它能創造一種心理上的轉變，讓理性分析的頭腦安靜下來，喚醒直覺。在那靜定時刻，你走出時間的限囿，臣服於內在智慧，確認自己追求終極幸福的內在需求與渴望。

外部世界是一個節奏快速、能量高度波動的環境，讓我們感官疲憊不堪，很多時候，它甚至會關閉我們與深層自我的必要聯繫。你可以從一堆社會新聞看到，我們社會到處瀰漫著壓抑憂鬱，我們的生活中缺乏一種自由開放感。

無論是在個人生活還是在社會，痛苦的根源都是因為缺乏愛。唯有當我們保持開放、隨順因緣流動、願意接納和原諒，愛才會到來。當你願意和靈魂溝通交融，並朝著終極幸福的至善自我前進，我們就會自然流露這些心性品質。

要達到這種幸福狀態和展露愛，我們必須願意給自己一點神聖時間。在這段時間裡，點燃內在直覺，滋養靈魂，成為真正擁有力量的人。然後這樣的生命舞姿就會像漣漪一樣向外擴散，改變你周圍的人和事。

✦先創造神聖時間✦

閉上眼睛一會兒。做幾次深呼吸，吸氣和吐氣，淨化你的出入息。找到屬於你自己的節奏。感受你的重心所在。感覺你的尾椎坐骨往下伸進你腳下的土地。感覺你的骨架支撐著你。感受此時此刻的自己。

那裡面是什麼樣子？

給你什麼感覺？

你會如何形容當下此刻？

也許這個過程會讓你有點不知所措。你可能得花一點時間才能讓自己真正靜下心來。不要有任何罪惡感。我們經常都會忘記去滋養自己的精神面。而這是一個新的開始。我們正在為自己設定意圖，決心往內走。

✦接著創造神聖空間✦

你想要為自己創造神聖空間來激發內在轉變嗎？

我相信你很想這樣做。每個人都有這樣的嚮往。現在就開始吧。這個決定能為你帶來改變和重新創造的機會。創造你想要的生命、你需要的療癒，以及你尋求的力量。

神聖空間既存在於外部世界，也存在我們內心。

如果你檢視自己的外在現實世界，尤其是自己的家，你會發現它就是你內心世界的反照。我知道這個說法可能有點深，但這是有道理的。

你的外在現實世界是什麼樣子？

你的家是什麼狀態？

你家的狀態是否反映了你的生命狀態？

選定家裡的一小塊區域進行改造。

從你的臥室開始，你睡覺的地方就是你遠離外部世界的地方。把堆在角落的衣服收拾乾淨。重新整理堆在床邊的書籍和文件資料。把床底下的雜物清乾淨。清洗並更換床單。在房間裡布置一些新的東西，讓自己在這裡能夠感覺更平靜、更放鬆、更清爽。

做這件事時，記得要溫柔。像嬰兒學走路那樣，一次處理一個房間，或一次面對一個問題就好。帶著療癒的意圖來做這件事，連結你的更高層次自我，讓它來推動你做出正向改變。

確認你的意圖：我以平靜之心清理雜物，我連接自己內心的光，創造我的神聖空間。

現在你已經開始改變外部世界，接下來內在世界也會發生改變。這是一個淨化的過程。確認你生命中想要的和不想要的東西是什麼。優雅隨緣讓事物自然流動。你正在迎接新的能量。

邀請新的能量進入你生命中，這不是一件很好的事嗎？

看看家裡的其他地方。找到一個角落、一個房間或一小塊地方，讓它成為你的精神天堂。這將是你的力量之地。你將在這裡培育你的神聖空間，走入內在。

選好地方之後，觀想一下，如何讓這裡成為一個力量之地。幫它增添一些色彩。放一張椅子、抱枕或是毛毯，讓你感到安心和舒適。把你覺得有能量的物品全部擺在這裡。

所謂有能量的物品，比如能帶給你鼓舞的照片——你的靈性導師，或是你摯愛之人的照片。也可以擺放一些神像。把水晶放在這裡可以提高振動。點一根蠟燭，讓這個神聖空間隨時保持一盞燭光，可以提醒你這是一個力量之地。

✦使用你的神聖空間✦

每天騰出一點時間給這個神聖空間。在這裡靜坐冥想、祈禱、設定改變的意圖。複習之前提過的靜坐冥想法，閉上眼睛，進入自己內心。再次問自己那些問題。

你會得到不同答案。每一次你進入神聖時刻，你的振動都會隨之提升，你在外部世界、宇宙和你靈魂中的位置也會改變。對負面想法說「不」，用更好的東西來取代它們。

這是一個很有力量的想法。每當你做一件事，就問自己：

這件事會滋養我的靈魂還是消耗我的靈魂？

萬物皆由能量構成

你是一個不斷振動的小宇宙。你是一個由能量和意圖組成的多面向生物。你不是只有實體肉身；你也是光和頻率構成的一個光環。你身體四周圍繞著層層的七彩虹光。這就是我們所稱的「能量故事館」！

你的能量故事館是由你對世界的想法、觀念和信念以及你的處世之道所組成。你就是在這個能量層面上將事物推入你的生命中，並與你周圍的人和地互動。

萬物皆起始於能量層面：包括你的健康狀況和生活狀態，以及你身邊發生的一切人事物。外在一切皆是你內在世界的寫照。能量就像貨幣：你將它投資在哪裡，你關注什麼東西，它就會給你回報。

我們大多數人都沒有意識到這個強大的精神實相。當你開始明白你本身就是能量，就有辦法開始改變你的關注方向，有意識地顯化你想要過的生活！

✦克服焦慮、賦予意念力量、清理能量債務✦

薩欣發現自己有時會被暴風雨捲走：

”我像一隻小紙船，被風雨打得七零八落。洶湧滂沱的大水中，我感覺靈魂受到極大衝擊，幾乎要被焦慮和挫折打敗。恐懼感愈來愈劇烈，我陷入更深的絕望，將我拉入無底深淵……我已經遠離我的靈魂智慧，深陷匱乏與分裂的泥沼之中。

能量風暴在我們周圍大氣中肆虐。負面想法和情緒的邪惡創造物，瀰漫漂浮在我們頭腦和心靈中。我們不斷對自己說著洩氣的話語、生活中充斥不滿情緒、挫折沮喪，甚至將自以為「無害」的邪惡意念投射到別人身上。

透過日常生活，我們不斷與能量互動。不滿、沮喪和負面的自我言語，這些由負面意念形成的能量，如同沉重的排泄物漂浮於空氣中。它們都是日常生活的產物。這些能量就是灰塵，積聚在我們身上和身邊四周，它們是能量毒素。

我並不是說生活中完全沒有好的能量和意圖。而是說，負面能量會掩蔽我們的生命力。我們現在要關注的是在盤旋我們身邊四周的負面或雜亂能量，因為它們會遮蔽我們的精神感受器，汙染我們的能量故事館。就好像我們努力用骯髒的畫筆，在我們原本美好的生命作品塗上骯髒色彩。

上班途中滿懷怨怒的公車司機、幫你煮拿鐵咖啡的鬱悶咖啡師、火車上你鄰座的憂鬱乘客——這些人將他們的能量毒素和雜亂思想恣意擴散到空氣中。那是生活中必然存在的一部分，就像灰塵或垃圾，通常不太會被注意到，但累積到一定程度，你就會變得非常沉重、脆弱，甚至會生病。

我們不能去責怪任何人，每一個人都有責任。我們能做的就是盡好自己的本分，淨化自己的心靈氛圍，提高我們的振動。讓自己變得快樂和完整。如此，我們就距離豐盛生命又更加靠近了一步！

當你發現自己陷入那張由限制性信念、過去未解之問題和困惑交織而成的網，彷彿陷入地獄、無法再繼續前進，那該如何泰然自處呢？放下過去，擁有乾淨清晰的未來，這是我們所有人的渴望和需要，至少我們都曾這樣期望過。我自己的經驗是，事情總是在不知不覺中發生。當我們意識到時，已經陷入無端糾結之中。

此乃人之本性

那些負面經歷乃屬人性。我們都曾感受過無知和匱乏的沉重負荷。當事情讓我們偏離正道，我們經常會因挫折而投降、失去自我感，最明顯的是，喪失我們內心深處想要成長的意圖。

祕密就存在於風暴正中心。輕輕閉上眼睛，融入當下。在那混亂的中心點，生命、豐盛與繁榮正在變化流動。一個不變的真理是：無論面對何種際遇，你都可以改變自己對那件事的反應。你可以利用不好的際遇來成就好事。

在自我了解路途上找到力量

薩欣分享了一個關於力量的故事：

”

我和一位老朋友兼客戶坐在一個房間裡，裡頭擺滿了金邊鏡子、漂亮瓷杯和華麗織物。她外表看起來豁達、開朗、正向。我一邊喝茶，一邊聽她說話。我仔細聽著她的話語和她的心。某種東西正在她心裡醞釀。

最後她說：「我非常生氣。我對自己受到的待遇感到憤怒。我為這份工作投注了自己的一生，卻沒得到尊重，好像我所做的一切根本不重要。這不是一個年屆退休的人該有的感覺。我想帶著榮譽離開，因為我知道我留下的東西對未來會有重大影響。」

她的情緒激烈到出乎我意外。她心裡的怒火與她平靜的外表完全搭不起來。但我能感覺到她話裡的真實感受。她希望她的付出沒有白費。她的內在世界和外部世界並不一致。她這個人、她所訴說的故事，以及她身邊發生的事，當中有一道裂紋。

然後她開始提到自己所屬的社群圈子。在一個極受敬重的社群裡，發生了一件不公平的事，危害到那群人的尊嚴。這個建立在夢想和良善之上的地方，正受到貪婪和不正當交易的破壞。她想要伸張公義！

她直接問：「我到底該怎麼辦？」

我了解到她對退休的憤怒和她所關心的社群這兩件事有高度相關，於是我決定抽一張牌，看看能給她什麼建議，讓她可以好好運用自己的能量。

你一定看得出來，這是一個滿懷熱情、無私奉獻的女人。她懷抱著偉大夢想，關心身邊人的福祉。她能看到未來遠景。

我抽到力量牌。

偉特塔羅的力量牌，牌面上是一位表情祥和寧靜的女人，她的手放在一隻大獅子嘴巴裡。對於這隻令人生畏、力大無比的野獸，她沒有絲毫畏懼，她用她的同理心而不是蠻力來制伏這隻獅子，因為她知道、也承認自己就跟那隻獅子一樣是內心狂野的生物，那隻獅子也被她最深的內在本性吸引。

我開始解釋這張牌……

「當你踏上一條不受生活重擔束縛的生命道路時，你擁有了一個可以匯聚更多力量的空間。你不用再與世界對抗，你開始穿越它，在這場巨大風暴的中心點跳舞，因為世界會繼續在你身邊四周發威肆虐。你沒辦法用往內退縮來逃避這個世界。退縮的結果只會讓你窒息。伸出手去觸摸自然的原始力量，那渾沌不明的漩渦。以它作為媒材，畫出更接近你內在願景的圖案。」

力量牌提醒她，只有憤怒是不夠的。她需要運用這股能量來做點什麼。不是受傷之後事情就會自動解決。也不是坐在會議室裡理論就能找到解決方法。只有開始活出真實自我，改變才會發生。

數日之後，力量牌不斷出現在我們的談話中，她內在有一股能量想要重新活躍起來，對她顯露最深層的意義。我開始認真冥想這張牌的寓意。

這張牌到底要傳達給她什麼訊息？

這張牌的訊息明確且清晰：我也清楚知道那把烈火——我朋友所感受到的那股熾熱能量。應該所有人都有此經驗，當我們內在願景和外部世界無法同步共舞，我們就會感受到那股熱火。這應該很正常吧？

你看見願景且受到行動召喚

現在你讀到這個段落，代表你是擁有內在願景的人。有一股聲音召喚你要行動，你受到吸引，注定走上自我發掘之路。先是自我挖掘，然後將它表達出來，接著在外部大環境造成改變。當你的外部世界中與內在願景一致時，你就能藉由同理心而非蠻力來創造改變。

魔法的藝術是透過自然之力創造奇蹟。在所有靈性傳統中，我們都能找到透過有形之物來接觸神性的方法。你無法不透過外在之物而進入內在；唯有透過有形之物你才能碰觸到魔法。

靜下來沉思你自己的身體。那是多麼美麗的大自然力量啊。它支撐著你，讓你能活在這世上。你是你的身體，但你的生命卻不僅止於它。我們會談論夢想、目標、假想。在物理層次上，這些東西並不存在於任何有形的地方，但透過有形之物，我們可以談論它們，將它們表達出來，並開始創造它們！

你是不是也有這樣的經驗？坐在點著香氛蠟燭的房間裡，感覺自己開始有了些許不同？蠟燭不過就是蠟和火組成的東西。它們是有形之物。但你只要點上蠟燭，創造一種氛圍，讓自己放鬆或是祈禱，你就超越了時間和空間的局限。它以一種難以言傳的方式在跟神祕心靈對話。

我想要說的是，透過身處外部世界，你能建造一條通往內在世界的道路。或者說，透過探索內在世界，你會看到外在的變化。在尋常生活中尋找魔法。那麼你就能創造更多魔法。

生活中的阻礙、痛苦、挫折和逆境都是一種召喚，要你起身付諸行動。如果你只是看著自己的困境，那絕對無法形成改變。以魔法為生活方式的人生不可能對生命冷漠旁觀。那些阻礙會成為一種神諭，向你顯示該在哪些地方施力，從中做出改變。

古語說：在上如是，在下亦然（as above, so below）。你內心世界所做的任何改變，都會讓外在世界發生轉變。許多偉大的靈性導師都教導我們，讓自己成為我們想在世界看到的改變。行動比言語更有力！

以同理心來形成改變，而非使用蠻力

請以同理心、而不是用蠻力強迫改變發生。那些吸引你注意力的事情，都是來自你直覺的訊息：「你可以對這件事做點什麼……無論大或小！」

外部世界要我們回歸自我關懷的覺知意識。

你是獨一無二、強大、美麗，又有神奇魔法的人類。你是由宇宙之光、星星之塵所構成。月亮在你皮膚內和你眼中閃爍。請讓它在世界綻放光芒。

試著問自己：

我用什麼方式將自己展現於外？
我有表達真實的自己嗎？
在哪些事情上我喪失了自己的力量？

如果你一直低著頭走路，不與周遭發生之事目光接觸，那麼你就會忘記你的魔法。你來這裡不就是為了展現魔法嗎？要對自己慈悲同理。那樣的自我關懷之心將會往外流注到你的周遭世界。

尊重自己是一種神聖的反叛行為。這個世界並不是時時刻刻都善待那些選擇其他路線的人。強烈對抗集體意識，對於什麼是正確、適當和責任不予理會，可能會帶來許多困難障礙。但正是這種帶有野性的生活方式，激發了你的魔法和真實自我表達。

有時我們發現自己被「應該要做的事」壓垮，而沒有去信賴我們自己「內心真正想做的事」。愈深入內心，我們會發覺，尊重內在智慧的召喚才是通往完整自我的道路。當我們想要這樣做時，有些人可能會出於善意反對我們的做法，因為他們不習慣擁有自己的力量。

學習順其自然

如果你失去冷靜、對恐懼投降，要在暴風雨中游泳就會變得愈加困難。你無法預測接下來會發生什麼，所以，與其跟它對抗、掙扎，然後沉沒，不如跟著水流方向，順其自然。為這個經驗保留一點空間，看它要帶你去哪裡。有時，這樣的艱難時刻實際上是能量正在激烈動盪，要把你推入下一個階段，將你推向新的故事篇章。

這樣的沉重黑暗，經常會為我們帶來美麗寶藏。進入轉變的風暴圈，你就會找到新的人生節奏。起初的混亂通常是一種預示。你的靈魂和大宇宙已經開始合作，要你回答一些重要問題：

你知道自己接下來要做什麼嗎？
你的感覺是自己的真實感受，還是你認為自己應該那樣感覺？
你有好好關心自己嗎？

事情進行得不順利，很可能表示我們沒有順著自己的流向前進。我們違背了自己的真正意願。這時，與其費力推進，不如坐下來檢視正在發生的事情和背後原因。也許是宇宙大靈要帶領你走一條比較好走的路。也許這不是你目前該走的路。或是，你需要把腳步放慢，欣賞一下沿途的風景。

進入風暴圈

請不要用狹隘目光來看待這樣的混亂時刻。跟那個經驗在一起，而不是只追逐你期望的結果。活在當下，看看浮出水面的是什麼。那些都是陰影帶來的禮物，是我們未被承認的黑暗部分，是我們的潛能所在。

在這個動盪之地不要妄下決定，因為你意識中的這些裂縫很快就會成為沃土，讓新的種子生長茁壯。進入你自己的生命之流，祕訣在於要有能力接受和真正去經驗來到你面前的一切。帶有試煉性的內在經驗常常會震盪我們，讓我們得以清除心靈碎片，並對我們的真實渴求、意圖，以及信以為真的東西提出挑戰！

我們走進風暴圈，被雨水包圍，然後帶著慈悲心問自己：

在這件事情上我還得學習什麼？

我如何榮耀我的至善自我？

對著混亂、黑暗之境吸氣吐氣，然後問自己這些問題，我們就能逐漸平靜下來、變得清晰，也更有能力在暴風雨中前行。天色逐漸明亮起來，整個世界變得更加祥和寧靜。之前我們因為不安和焦慮而使風暴擴大，因為宇宙就是一面大鏡子。

我們要幫自己打氣。當困難挑戰出現，我們不是戰鬥就是逃跑。無論發生什麼事，也不管下一步會如何，都要找到自己的立足點，站穩這一步。去領會你身邊四周一切。這是克服艱難的唯一途徑。

放掉喋喋不休的頭腦、尊重你的真實自我

尋找寧靜通常從靜止不動開始。若你不停止為生活騷動奔忙，焦慮就無法止息。當你有意識地讓自己處於靜止狀態，就能感受到平靜。將腳步放慢，那些導致我們焦慮和恐懼的思想與心理雜音就會開始鬆開。我們需要釋放內在壓力，這樣我們的心才能引導我們抵達清明！

當你發現自己焦慮緊張，請讓自己靜止下來。到戶外大自然散步，你的靈魂將得到滋養，你的思想會得到淨化。也可以做呼吸練習或引導式冥想。靜止不動可以把你從不斷滋生焦慮的過去拉到當下現在，讓清明在那裡扎根。

找尋你的真實自我。有時，你難免感到孤獨、孤單和疲憊。若你發現活出真實自己讓你覺得有壓力，那其實是你正在進行心靈排毒。你在釋放舊有的、已經不適用的生命模式，它們存在已久，超乎你的想像。如果你確實是依自身最高智慧行事，你會發現，你走的是一條極為激進的自我表達之路。

對自己誠實，去尋找你生命中的黑洞。

是什麼吸走你的能量？

是什麼束縛了你，讓你不尊重自己的靈性面？

那些舊有的、不適用的模式是什麼？

你能將那些無用的執著（附著物）清除掉嗎？

無論這些黑洞是人、事物、責任，還是信念，你都可以開始將它們放掉。通常它們都是以上那些東西的複合體。因為外在事相就是我們內在世界的反照，所以你可以從這些外在事相當中得到許多啟發。試著丟掉那些跟真實的你不符的故事。對那些不能給你精神力量的人說再見，哪些事情讓你不快樂就對它說不。

你的人生就是你的祈求。無論你做出何種選擇，都應該尊重你自己的靈魂，讓它得到伸展。道路不會時時清晰可辨，但當你仔細傾聽，召喚的聲音就會變得強烈。培養走向內在的習慣，傾聽你腦中喋喋不休的念頭，以及你內心的騷動。

你聽到你的心發出害怕的聲音嗎？

如果你看到恐懼，那表示你沒有聽從自己內在最高的智慧。你違背了你的真實自我，屈從了周遭集體意識的壓力。往內走，深深進入你的身體和靈魂，直到找到你的真實渴望。

你渴望什麼？

你夢想什麼？

什麼事情可以讓你覺得充滿活力？（先不要用頭腦去分析它的對錯好壞）

最純粹的時刻……

正是這些純然活在當下的時刻，建構了我們的夢想。無論你當下感受是快樂或悲傷、是恐懼或接納，當你真正活在當下時，就能聚集力量、視野變得清晰。但我們大多數人、大部分時間都是瞻前顧後，沒有活在當下，導致生活變得一團破碎，找不到任何著力點。

恐懼讓我們大多數人無法活在當下，因為我們可能會看到某些我們不想承認的事情。我們可能得去面對那些失敗的原因。我們想要得到答案、想要改變，但又不想付出相對的努力，這樣不是很好笑嗎？你當下的觀點決定了一切。你可能覺得那些事實讓你很痛苦，因為它們讓你看到自己的弱點，但你也可以藉此機會看清它們的真面目——因為那正是你施展魔法的機會！

活在當下是什麼意思

薩欣也有過陷入黑暗的時刻，包括悲傷、恐懼、憤怒和焦慮，他知道自己已經和宇宙生命流動隔絕，更明確的說法就是，與當下此刻隔絕。活在當下，並不是要你不關心過去或未來，更不是要你對外在世界和你生活中發生的事情視而不見。活在當下，是不執著於渾沌狀態、不因事境混亂不明而放棄自己的力量。

你可以看著事情進展，而不需要跟它互動。這有點像你的父母告訴你說，用眼睛看就好，不要用手去碰。以智慧和意圖去選擇你想要放在手上和心上的東西。這樣，就代表你完全同意這條路的方向。那麼你就會把全副精神專注在這個意圖上，以好奇心來迎接之後將要發生的事情。

活在當下是放掉你內心對於控制的需求。當你只想要控制事情的結果，而不是專注在手頭上正在做的事，你就脫離了當下！臣服於「現在此刻」，是一種強而有力的生命姿態。你不再需要同時做一百萬件事情卻一事無成。想像一下，只是順著生命自然流動，而不去強迫自己，那會是一種什麼樣的人生！

活在此時此地

你只要不斷把自己拉回當下就夠了。把自己拉回到房間的嗡嗡聲、腳下堅實的大地，以及自己呼吸的節奏。活在當下、扎根於此時此地，因為那才是意圖蓬勃生長的地方。這是強化你的精神力量最為簡單、也最為神聖的做法。

呼吸將你與生命連結，而生命就在當下

呼吸練習是一種讓自己融入當下的簡單方法。我們給自己的身體很大壓力，要我們的身體好好吃東西、好好睡覺，更重要的是，要健康呼吸，我們認為這些都是理所當然。呼吸很淺會導致能量停滯、意圖分散。當你帶著意識去呼吸，在呼吸循環間，你使身體恢復活力，清除頭腦雜念，情緒正常表露，並讓自己定根於當下。

呼吸具有療癒作用。呼吸將你與你的身體、你的靈魂連結起來，讓你能夠活在當下。當下存在意識是健康幸福的關鍵。當你面對外在的不穩定，如果你和自己的身體分離，就等於失去了根基，沒辦法和你的靈魂溝通。

對自己說這句正向肯定語：我現在在這裡、在當下此刻、在此經驗當中，準備迎接一切挑戰。

活在當下有時常遭到誤解。活在當下並不是發呆、什麼事都不做，而是清楚意識此時此刻正在發生的事情。當混亂狀態發生，我通常一開始是驚慌，然後我會停下來，提醒自己，也許是有一些課題需要學習。

✦利用簡單的呼吸練習融入當下✦

1. 找一個你覺得舒服的地方來做這個練習。讓自己坐定下來，任何地方都可以：家裡的椅子上、公園的長板凳、大樹下、辦公桌前，或是床上。輕輕晃動一下手臂，讓肩膀放鬆。抖一抖你的四肢。放鬆你的臉部肌肉。感覺自己往下沉，深深沉入地面之下，沉入現在，沉入呼吸之中。
2. 從鼻子將清涼空氣吸進來。深深吸到下腹部，感覺你的下腹部往上隆起、往外擴。接著是中間胃部往外擴，然後是上面的胸腔。把氣吸飽，然後開始用嘴巴吐氣。
3. 吐氣時，同樣以階梯式節奏進行。先從胸腔開始吐氣，然後是中央胃部，然後下腹部。再次從鼻子吸氣時，用顛倒順序把氣吸進身體。
4. 隨著這樣的呼吸出入循環：吸氣——吐氣——吸氣——吐氣，感覺你的能量正在積聚。呼吸氣息的起伏會讓你的身體開始自然順暢流動，將阻塞的能量清除，把你帶到當下此刻，開啟儲存於你內在深處的智慧和知識。

5．這個練習至少做五分鐘，你也可以根據自己的情況增減時間。你的整個身體會開始放鬆下來，恢復到健康狀態。你的壓力感會降低，你會開始看見生命的傑作在你面前開展。

✦扎根於當下的其他方法✦

伸展運動和肢體運動，比如散步、瑜伽或游泳，都能讓你和身體建立連結。感受我們的身體可以幫助我們更加活在當下，因為當我們遭遇困難，往往會跟身體脫節。也可以試著用心品嚐一杯溫暖的花草茶或一塊甜點。還有我們之前介紹的ＥＦＴ敲擊法，也是非常有效的情緒釋放技術。

當你覺得失去連結或是感覺昏沉時，請試著把注意力拉到你身邊的事物上。跟你在玩「威利在哪裡」一樣，用心觀察你所在的空間。從裡面的擺設找出三種顏色。找出三種形狀。找出三種不同的聲音。找出三種不同的氣味。找出三種不同觸感的物品。抬頭往上看看、低頭看看、左右兩邊都看看。

當你對某件事感到焦慮，可以做一個自我提問的練習。首先，觀照自己對這件事的想法。把你腦中出現的想法都寫在紙上，或是用錄音的方式錄下來。我通常會對著鏡子做這個練習，這樣我就能從自己的眼中看見事實。往內走，看看這些想法背後的真正核心是什麼。

然後問自己：

這個想法是真實的嗎？

我能證明它的真實性嗎？

可能發生的最壞情況是什麼？

如果那不是真的呢？

如果只是我自己的恐懼呢？

我現在可以做什麼事情來改變它？

我可以給這個想法一個名稱或找到它的根源嗎？

當你感到焦慮時，就做這個練習。剛開始你可能會覺得像是掉進兔子洞，找不到頭緒。然後慢慢的，把你的想法從頭腦裡拉出來，開始質疑它們，你就會看到自己內心真正的想法，看到你對自己人生的想法，也會看到這些想法的局限性。我們常常有事沒事就用一些可怕的想法來嚇自己，除了擾亂我們內心的平靜外，還會讓事情變得更複雜。事實上，事情未必是我們想的那樣。這個練習可以幫助你培養清醒的生活意識。

哪裡都不去

當薩欣覺得自己需要大療癒、讓心智更加清明時，他會試著跳出平日的時間作息循環。這是讓自己保持居中（不偏向任一端）的方法。將自己從事境中抽離，便可以消除那些會讓我們喪失洞見的限制性思維模式和狹隘視野。就像你突然擺脫了某個難題，找到一個解決方法。

睡覺是讓你抽離事境、保持居中的第一個方法。當你需要答案時，就睡覺吧。睡覺時，你會自動進入接納狀態。你放掉了緊張和控制的需要。你進入神聖時間，在那裡，你受到神聖之光和指導靈的滋養。睡眠是一種很有效的靈性充電。

靜坐冥想和神思是有意識地讓自己進入居中、「哪裡都不去」狀態的方法。在這種狀態下，你的理性頭腦會安靜下來，內在直覺會出現。然後你靈魂中真正的渴望就會被喚醒。薩滿巫師會用沙鈴和擊鼓來讓人進入深層冥想／催眠狀態。因為鼓聲和沙鈴有助於抑制理性頭腦，讓人內在的靈魂說話。剛開始，每次只要練習十到十五分鐘，一週數次就可以。

一種生活方式

靈性淨化就是心靈排毒。它是要淨化和清理我們的能量場。保持靈魂的潔淨可以讓你跟你的最高自我、你與生俱來的智慧保持一致的能量頻率。取得能量空間的自主權，可以啟動我們的內在吸引力，讓魔法發生！

心理／情緒狀態對於我們的能量場影響極大。思想和感受是一種主動性的、有生命的力量，所有進入你生命的東西，都會受到它們的推動、拉動以及澄清。負面想法和感受的能量頻率較低，會擾亂你的能量場，削弱你的保護力，帶來不好的影響。

情緒感受會為你的思想上色，也會讓你的想法得到釐清。你的感受會召喚你的想法。當你接受限制性的思想，你會招來更多情緒，然後形成一個非常真實且極具破壞力的循環迴圈。

值得慶幸的是，我們有能力打破這個循環。並非所有負面想法或感覺都會立即在你生命中顯現出結果。不過，就像當你持續吃進不健康的食物，你的健康就會開始受到損害。一種負面想法不會造成傷害，就像一種正向想法也不會力即帶來療癒一樣。必須要形成習慣，我們才有辦法培養出健康的能量。

宣告你的空間

宣告自己的空間，就是對生活中你願意接受和不願接受的事情擁有自主決定權。藉由強化你的能量體，你可以遠離負面能量、吸引更多你想要的美好事物。就跟收音機的頻道一樣，你的振動頻率會讓你去接近相同頻率的事物。

保持心理上和情感上的清醒覺察力，就是在宣告你的空間。本質上，你等於是在說：「我現在的狀態——是我想要成為的自己嗎？」這個存在狀態就是我們所說的「個人能量泡泡」(personal bubble)。你是在建立一個能讓你感覺更健康更快樂的宇宙！

試著回想一下，你是不是遇過某些人，他們的氣場讓你感覺非常強大。在他們身體周圍彷彿有一個堅固的保護泡泡，你會自然而然繞過它！

他們為自己的健康福祉創造了一個屬於自己的能量空間。儘管他們外表看似威嚴、內向、難以親近，甚至有點傲慢，但實際上通常不是這麼回事。相反的，他們是努力藉由保護自己的靈性自我、思想和情緒感受，來打造自己的健康和幸福。

只要保持心理上和情緒上的清醒覺察，你就是在宣告自己的空間。對自己的存在狀態負責，藉由自我覺察來了解自己所處的位置，以及你向以太能量場投射出什麼內容。

這個投射就是你身邊周圍的人，以及你跟他們的互動和反應。

將你的注意力轉而放在你的想法和感受上。起初，要特別去過濾你的想法和感受，可能你會覺得不太習慣，但一段時間之後，它就會成為你的自然反應。你不可能完全沒有負面想法或情緒低潮，但是當你處在那個情況，你會很快感應到自己脫離了健康狀態，然後有意識地讓自己轉向！

當你處在這樣的意識覺知狀態，你會清楚看見你向外投射到以太能量場的內容是什麼，然後藉此來調整你對別人的反應與互動方式。儘管有時讓人覺得有點難相處，或是有點冷漠，也沒關係。神祕感並不會傷害到任何人。

當你身處擁擠人群中、在高度緊張的情況下，或是覺得工作壓力很大時，這個練習對你幫助會很大。用這樣的方式轉向自己內在，看似有點多餘或沒什麼必要，但我跟你保證，當你真的這樣做，可能會很驚訝地發現，平常你對自己當下的狀態根本沒什麼覺察。

很多人都有這樣的經驗，我們對於自己的真實感受或真實想法其實幾乎完全不了解，除非我們用心去覺察。我們可以趁負面思想在我們腦中閃現時，抓住它的尾巴，說：「你又來了」，然後告訴自己轉個方向思考。有時候，甚至大聲說出來讓人聽到也可以。總之就是要對自己的真實狀態誠實！

當你創造出這個空間，養成覺察自己想法和感受的習慣，就能用更健康、更正向的東西來取代它們，從根本上消除你的陰暗狀態。

再次問自己這個深刻問題：

這是在滋養我的靈魂還是耗損我的靈魂？

不管遇到任何事情，都可以問自己這個問題。你會開始看到，什麼模式讓你變得強大，什麼模式讓你變得脆弱受傷。打破限制性思想的循環，你就消除了它的力量。我知道這說起來容易、做起來很難，但這是心靈淨化和心靈保護的根本真理。

✦宣告自我空間的四種方式✦

1. 每天盤點你的心理和情緒狀態。
2. 留一點時間來祈禱和靜坐冥想，有意識地提高振動頻率。
3. 內心紛亂時，讓自己接地定根。到戶外去，雙手環抱一棵樹，你就能讓自己接地扎根。也可以做呼吸練習，找到自己呼吸的節奏。觀想自己像一棵大樹扎根於大地。這樣做可以幫助你釋放不好的能量。
4. 打造神聖空間。可以依循正式做法，建立一個與神連結的靈性天堂，或只是創造一個讓你感覺舒適快樂的環境或氛圍。

練習改變你的能量狀態

開始每天練習觀照自己的思想念頭。思想是你用來處理和改變情緒感受的方法。一整天從早到晚（特別是你經常忙到忘記自己的時候），都要有意識地停下來問自己：

我現在在想什麼？

我現在有什麼感受？

是什麼在驅動這些感受和想法？

當你發現自己陷入某種限制性思想時，可改用另一種正向想法來置換。你出現的每一個負面想法，要用三個正向想法來取代它。把這些正向肯定語大聲唸出來，就可以讓它們開始發揮作用。

舉例來說：假設你現在想的是你在某件工作事項上的缺點和不足。你可以用三種正向想法來抵銷這個限制性思想模式，大聲說出來，或在腦中默想都可以：

〔你的負面想法〕可能不是我的強項，但我在〔正向想法1〕、〔正向想法2〕和〔正向想法3〕這幾方面都很優秀。我可以把事情做好，一切都會很順利！

開始觀想這個肯定語在你的腦中運作。在你的腦中演練一下整件事情。你看到自己真正體現了這三個正向特性。當你觀想這些特性時，你的感受會被啟動，你的振動會隨之提高，你的能量故事館裡面的內容就會改變。

重新檢視一次，然後問自己：

我現在有什麼感覺？

我用我的情緒向外部世界投射出什麼？

你也可以問自己另一個有趣的問題：

我現在是什麼顏色？

只要閉上眼睛，就能看到顏色。不要想太多。不要思考你想要它出現什麼顏色。只要說出你腦海裡出現的第一個顏色就好。現在，觀察一下你的顏色會引發什麼情緒感受。這是稍微作弄一下你的頭腦，讓你誠實表達感受的一種方法。

給自己一個笑臉，然後結束以上練習。笑容可以讓事情變得更好。它會提醒你的身體，要讓自己感覺快樂！

當你能夠透過認知自己的想法來澄清你的情緒感受，就有辦法淨化你身邊四周的能量氛圍。重新調整你的能量，將它導向正面，成為你的支持力量，不僅能夠幫助自己，也能幫到你生活中的其他人。

能量索

你的個人能量場（或是我們所稱的能量泡泡）是由許多能量纖維、線束，尤其是能量索，共同編織而成。能量索（energetic cords）是你和另一個能量顯化體之間的連接線。我們就是透過能量索將自己與其他人、地方場所、物體，甚至信念和觀點連結起來。

能量是一種貨幣流通的概念

要處理能量索，我們必須先認明是哪些附著物在消耗我們的能量。你的能量就是你與宇宙之間的流通貨幣。你會將它依寄和投資在你有強烈情感的事物上。這並不是說，日常一般事物不會讓我們產生能量索，但這些東西通常不會讓我們有「強烈執著」。

負面能量索會帶來什麼傷害？

本質上來說，負面能量索就是那些會耗盡你能量的東西。當你依戀某樣事物，或允許某樣事物依戀你，這通常對你沒有好處，它只會把你的生命力消耗殆盡。大多數時候，這都是在你沒有意識的情況下發生的，只要你開始用心注意這件事，就能感知到這些連結。

請不要對這件事感到內疚。生命是立體的，我們不可能每一個面向都看得到。我們只能盡可能讓自己去意識到這件事。你用什麼想法、觀念、感受活在世界上，以及外部世界如何回應你，這些東西都會累積在你的能量故事館中。

負面能量索的幾個跡象

- 突然或長期感到疲倦、疲憊或疲勞
- 失眠
- 突然暴怒
- 爭吵和衝突
- 溝通不順暢

- 身體出現疼痛
- 沮喪
- 焦慮
- 生活重要領域出現障礙
- 感覺身心狀態失衡

有些能量索可能長期多年存在；有些則是瞬間被製造出來，又馬上被破壞掉。每次你與外部世界進行能量交換，就塑造了一條能量索。簡單說，這就是能量的移轉機制。能量索是一種雙向來回通行的管道。能量索只有在它們完成任務後還糾結不放，才會變成不好的東西。

能量索是如何形成的？

試著想像這個畫面：你打開前門迎接客人，客人進門後你卻沒仔細把門關上。一段時間後，各種東西就開始從這個門進進出出。不知不覺，可能就有一位客人待著不走，汙染了你最初的待客熱情。

這類能量交換，每天都在不同情境、在許多人身上發生。你允許別人形成他們的能量索，而你自己也在塑造你跟其他人之間的能量索。這種能量的連結本身是中性的，但意圖會決定它的好壞結果。

你希望生活時時刻刻感覺順暢。當你陷入困境、僵化、失去覺知意識，就等於失去了你跟自己的能量體以及深層自我的必要聯繫。最後就是導致能量阻塞，形成負面能量索，消耗掉整體能量。

察覺你的能量索

當你突然感覺「不對勁」，你通常會發現，有一條負面能量索正在形成。或者，當你突然心情消沉沮喪，或是對某樣東西強烈依戀、念念不忘，那表示有一條能量索正在「被餵哺」。這時候，你要做的是對這條能量索保持覺知。留意你的心理、情緒和精神狀態。

將覺知意識帶到這三個層面，你就能夠掌控自己的能量。每天早晚一次掃描你的身體。覺察自己當下的狀態，感受內在能量的流動，然後問自己：

我正在餵哺我的靈魂嗎？

我正在消耗我的靈魂嗎？

我的能量流動順暢嗎？

我現在是活在過去、現在，還是未來？
我是否對某人、某地、某件事或某個想法非常執著？
我現在身上有疼痛嗎？
我的疼痛點在哪裡？
那個疼痛看起來、感覺起來、聽起來像什麼？

請記得，這些能量索都是你跟周遭世界溝通和分享能量的管道。那是你的能量投資與交換。你正在跟你選擇連結的任何事情或任何人交換你的精神貨幣。重點是，當你進行這件事時，自己是否擁有自主權。

淨化和清理你的能量

在平常生活中保持接地、穩固扎根非常重要。尤其當你處在極大壓力下，或是全神貫注做某件事時，更需要接地。只要跟人相處，就一定會產生能量的交換。如果你對自己的覺知力不夠，你的心會變得很亂。

所以，我們回到內在覺知意識，對自己的狀態保持覺察。這樣我們就擁有了能量的自主權。讓自己活於當下。穩穩扎根於大地。將注意力集中在當前的意圖上。

如果你要移除某一條能量索，你必須從源頭移除。如果只移除繩索但沒有移除其根源，那麼它一定會再次出現。通常，會助長我們恐懼和不安的東西都存在著負面能量索。各種形態的虐待關係都是能量索的主要根源。它們會創造出一種相互依賴的關係，雙方都彼此依賴依存。這讓我想到「寄生」這種生態系統。

那要如何移除能量索的根源呢？有以下幾種方法：

- 對自己誠實。
- 找出根源。
- 為那個情緒感受／能量交換／事件情況命名。
- 放掉你對那個執著（附著物）的渴望、需要或許可。
- 盡可能原諒每一個跟這件事有關的人。
- 設定界限並保護你的能量體。

釋放和移除能量索可能需要花點時間。必須每天進行，經常覺察自己的狀態。當你與他人的關係發生變化時，請注意觀察你與對方的能量交換形式。能量索無關乎時間和距離。重要的是，你要時時覺知，確認自己當下的狀態。

解開能量索的方法

用你的手掃描身體周圍那圈能量體，看看有什麼感覺。也可以用你的心靈之眼掃描你的能量場。我通常是用透石膏杖來掃描我的能量場，同時調整頻率，讓它和透石膏同頻。如果可以的話，精準描述這條能量索。觀想那條繩索長什麼樣子。試著想像或感受這條能量索的位置、鬆緊度，以及存在目的。

是粗還是細？
很牢固、很鬆、像海綿那樣柔軟，還是像金屬那樣堅硬？
有呈現出什麼顏色嗎？
位置在哪裡？
上面有圖案嗎？
是為什麼目的而存在？

能量索是能量通道，攜帶著圖像和記憶。觀想能量索可以幫你找到線索，知道這條能量索是連結到誰，以及為了什麼目的而連結。有時候你只要問大靈：「這個附著物的根源是什麼？」你就會有答案。

請跟這條能量索連結的人或事情直接對話。在你自己的神聖空間，把你需要講的話都說出來，用這個方式來解開這根繩索。事實上，大多數能量索的存在，是因為我們沒有去承認、接受我們與某件事情的關係或關聯。

把它掀開來，是釋放那個附著物的唯一有效方法。可以用書寫的方式，把這條能量索的來源寫下來，就是給自己機會去承認、原諒，然後拔除掉它。把現在的狀態寫在筆記上。將注意力放在自己目前的生命狀態，去覺察它，可以為你帶來力量。從能量的角度來說，你是在創造你的現實，或者，至少是創造你跟它的關係。也就是說，你是有意識地把你想要過的生活顯化出來。處理自己內在精神／情緒面的問題，可以將光帶進來，使你得到力量。

你也可以試試以下這個冥想法。

✦切斷能量索的冥想✦

在能量層次上，我們時時刻刻都在接收和給出能量。當你建立起一個連結，能量就會開始流動傳送，形成一條能量索。能量索就是振動的傳輸線。但能量索經常在完成其任務之後繼續存在，導致我們能量流失、情緒產生波動、出現負面想法，耗損我們的能量。切斷能量索是要收回你的能量，讓你重新回到平衡狀態。

找到一個你覺得舒服放鬆的姿勢，深呼吸，將氣吸到腹部。觀想你全身充滿美麗的白光。然後吐氣，讓身上所有緊繃隨著吐氣呼出去。吸氣，感覺腹部往上突起；吐氣，感覺腹部往內縮。就像海浪朝你湧來又退去，你會開始找到自己的節奏。

慢慢掃描你的身體。找出你身上覺得「不舒服」、沉重、疼痛或刺痛的部位。相信你的感覺。看看有什麼圖像出現。那就是你的能量索，它已經不再為你的最高利益服務。用任何一種你慣用的方式去感知這條能量索。它是否讓你意識到某人、某地或某個事件？

吸氣，將氣吸到這根繩子裡面，讓它充滿白光，然後感謝它的存在。現在，在你的心中清楚默想這句肯定語：任何不再為我的最高利益服務的能量索和附著物，都從我的身體、思想和能量中切斷和清除。切斷和清除。切斷和清除。切斷和清除。

將光吸到那個空間裡面。讓殘餘的碎片隨著氣息吐出。吸入美麗的白光。讓白光充滿你全身，直到它像一個保護泡泡一樣把你整個人包圍起來。自然吐氣，將你的覺知意識帶回到當下。完成之後，睜開眼睛。

賦予自己力量並保護自己

當你完全釋放掉那些不必要的負面附著物，接下來你要將自己保護起來。保護你的能量場，宣告你的空間，拿回你的力量。這樣做，可以確保你完全掌控你自身小宇宙中進出的所有事物。

辨識和對付精神吸血鬼

不知從何時開始，陰影人物就在我們的心靈中若隱若現、悄然爬行，吸攝我們的精氣，在我們心靈留下印痕。這些如夜般漆黑的生物，就是我們對未知的恐懼、暗黑誘惑力的化身。民間傳說裡面出現的吸血鬼，現在已經變成了一種流行文化的幻想產物，或是代表我們內心慾望且完全失控的典型象徵。但如果我們跟你說，吸血鬼真實存在，你信不信？

在精神層面，我們常常會遇到吸血鬼。有一種人專門以我們的能量和精氣為食物來維生，我們稱它為「精神吸血鬼」(或稱「能量吸血鬼」，psychic or energy vampires)。他們也跟民間傳說裡面的吸血鬼一樣，會一直瘋狂追著你，附著在你的能量場，吸食你的精氣能量。聽起來很邪惡、很壞，但沒有真的見血，而且這種「吸食」通常是在被吸者不知情的狀況下發生。

精神吸血鬼是什麼？

吸血鬼代表牢牢根深、執念非常強烈的一種原型能量。它們是我們每個人內心裡面為了生存而戰鬥的那股原始力量。這些躲在陰暗角落的生物，必須以生命力為食物才能存活（大多數神話中則描述它們是以吸食血液維生）。從某個角度來說，吸血鬼是非常孤單的生物，它們一直死命要填補靈魂裡的空虛。

將這個概念帶入現實世界，我們就能了解精神吸血鬼的輪廓。精神吸血鬼就是將這個經典神話真實擬人化。就像民間傳說裡的吸血鬼一樣，精神吸血鬼是以你的內在精氣和靈魂能量為食物。

精神吸血鬼本質上是一種能量寄生蟲。它們會抓住一個宿主，然後從他身體吸取養分。他們通常是一個（或多個）自我意識薄弱的人，而且他們的靈魂本我或氣場裡面充滿弱點和破洞。能量場虛弱、精神狀態混亂的人，特別容易招來精神吸血鬼。

從某個角度來說，你必須同情精神吸血鬼，因為當一個人現出吸血鬼原型時，代表他其實是一個非常孤單的人。他們生活在漆黑、匱乏和絕望的世界。精神吸血鬼其實是一種信念的產物，他們認為這個世界不會有好事、宇宙沒有足夠的東西可以分給每一個人。他們的生命本源被切斷了，因此只能以其他人為食物，來填補自己的空虛。

認出你身邊的精神吸血鬼

人往往不會意識到自己正在吸攝別人的能量。變成精神吸血鬼的人，通常不是自己刻意為之。雖然這些人有時也會使用較為極端的方式來扭曲、操縱和利用別人，但他們其實並不知道自己正在吸取別人的生命力量。

我們不會用邪惡這樣的字眼來形容這些人。大多數精神吸血鬼都是受過傷的人，他們只是在尋找一種讓自己活下去的方法。他們內在有某些東西被傷害了，為了尋求某種控制權，他們就會去操縱別人。

很典型的一種形態就是「吸血鬼／受害者關係」(vampire ／victim relationship)。在大多數相互依賴或虐待的情感關係中，都存在著這種吸血鬼／受害者成分。吸血鬼是代表主宰和控制的一方。他們利用受害者的精神和情感能量來摧毀受害者。反過來，受害者則認為他們在某些方面需要吸血鬼，雖然實際上是吸血鬼需要他們。所以你看到了，這是一條雙向道。受害者為吸血鬼提供了吸食的空間。

精神吸血鬼通常分為兩大類。

✦操縱者✦

第一種類型的吸血鬼是有攻擊性的操縱者（THE MANIPULATOR），他們會操縱你、引誘你。有時，這類吸血鬼看起來都很溫文爾雅、很有魅力，會像蛇一樣引誘你。他們會控制你，讓你心醉神迷。然後你會對他們產生某種渴望，或者說，你渴望他們的操縱。虐待式的情感關係，大概都是屬於這種類型的精神吸血鬼。

這種吸血鬼通常都很自我中心、自戀，而且渴望成為對方關注的焦點。他們確實會把人吸過去，然後吸走他們的精氣。在一些握有權勢的工作上，你經常會看到這類吸血鬼，因為他們善於遊說別人進入他們的圈套，從底層開始滲透。

他們往往會表現出某種權威，涉世未深的人很難察覺出來。你也許會發現自己很容易被這類人迷惑，但你又無法具體說出為什麼……反正就是覺得他們有哪裡不對勁。他們會講一大堆理論，但你就是覺得不舒服！

✦受難烈士✦

另一種類型的精神吸血鬼是受難烈士（THE MARTYR，殉道者、乞憐者）。你會發現這類人總是喜歡抱怨「我好命苦」。這個世界對不起他們，沒有人理解他們，沒有人愛他們，沒有人關心他們的需要。任何地方只要有受難烈士吸血鬼出現，他們就會把那裡所有美好的東西都吸走。

你與他們進行的任何對話都是有毒的。光是聽到他們的聲音，就讓人覺得好累。跟第一類吸血鬼不同，這種人完全不會哄人，也一點都不迷人。你很容易就能認出他們，因為從老遠就可以聽見他們的抱怨聲，消極言語像腹瀉拉個不停，讓所有人都避之唯恐不及。

可悲的是，有些人還是會被受難烈士吸血鬼利用，因為他們太過袒護這種人的虛幻妄想，很容易受他們想法左右。有時候，人們甚至會屈服於這類型吸血鬼，因為「順著他們」比跟他們對抗來得輕鬆！這種關係通常發生在家庭成員中，尤其是父母親或孩子。

被精神吸血鬼纏上的徵狀

- 疲勞和倦怠
- 經常做奇怪的夢和失眠
- 感覺被某個朋友或伴侶虐待
- 身體健康狀況低落
- 精神／情緒上的痛苦和掙扎
- 偏執

- 心神錯亂
- 情緒突然大幅波動
- 記憶喪失
- 感覺異常（雙手冰冷、覺得有人在摸自己的肩膀和脊椎底部、無來由的疼痛）
- 無緣無故感到恐懼和害怕
- 覺得自己被人監視
- 常發生意外，手腳不靈活

這些只是被精神吸血鬼纏上的一些徵狀。檢視這張列表時要小心。我們完全不是主張只要有這些徵狀就是被精神吸血鬼「咬到了」，更不是要造成你的心理恐懼。我們只是在討論，人跟人之間發生的能量交換的本質。

如果你有上述這些感覺的任何一種，可以問自己幾個問題：

我的生活中有沒有什麼人讓我感覺很不舒服？
我身邊是否有某個人讓我感覺跟他相處很累？
對某個人或某件事，我是否放棄自己的力量？

現在我如何試著尊重自己？

這句話講再多次都不嫌多：你要做的是能夠滋養你靈魂的事情，而不要做那些會耗盡你心神的事。當你做出有損你最高利益的消耗行為時，等於創造了一片肥沃土地讓其他人可以溜進來，在那裡操控你。

如何對吸血鬼免疫

對自己缺乏了解、缺乏自我連結，就容易受到這些能量吸食者的傷害。跟負面能量索一樣，那條無法帶給你精神滋養的能量交換路徑是你允許它存在的。只不過現在這條能量交換路徑不是雙向道，而是單向。吸血鬼負責吸食能量，受害者能量耗盡。

特別是在你覺得迷惘、沮喪、不安、被遺棄，或是心情低潮時，就會在自己的能量場中製造出脆弱點。慢慢的，這些脆弱的地方就會變成破洞或破口，能量吸食者就會在那個地方住下來。甚至有時候，可能會導致你自己也變成一個精神吸血鬼。

你記得吸血鬼傳說裡面提到的嗎？除非受到邀請，吸血鬼才能進入人類家裡。你的靈魂、你的氣場、你的能量場就是你的家，除非得到你的允許，否則他們無法進入那個聖地！

了解這件事，你大概就不會想再去做那些無法滋養你靈魂的事情了。當你忘記自己的靈魂，等於就是在胸前掛了一個大牌子，上面寫著：「我準備好了！快來咬我吧！」因此，第一件事就先宣告你的空間。思想上保持正向，行動上要做能夠肯定你身體和靈魂存在的事情。語言上透過正向肯定語來進行個人淨化與提升慈悲心。

我是被愛的、健康的、快樂的、完整的。
我在生活各個層面都能展現自己的力量。
每一天、時時刻刻，我都盡我所能地展現內在的至善。
我只允許正面的力量進入我的生命。
時時刻刻我都能充分展露我的無限潛能與神性火花。
只有好事會進入我的生命中，而且好事會不斷不斷增加。
我聆聽我的靈魂，滋養我的靈魂，並在我的一切行為中展現我的靈魂。
我的生命充滿光明。各種奇蹟以各種不同形式正在發生，不受局限。

這些肯定語可以讓你重新拿回你自己的力量。無論你做什麼事，只要大聲宣告自己的空間以及你的神聖權利，負面影響力就會被消除。你開始能夠去修復能量場中的脆弱點。

當你散發出內在自我本具的光明，陰暗的東西就消失了。吸血鬼這樣的陰暗生物無法活在你的美好光明之中，除非你能讓它發光！

學會說不！

對那些剝奪你力量的事情說「不」，你就能夠關閉你跟精神吸血鬼之間的溝通管道。通常，這類關係都是在模稜兩可之中形成的。老闆、朋友或你的伴侶會向你提出某些要求，但那些要求對於你的心靈卻毫無益處。在你意識到之前，通常你已經陷得太深而無法回頭。正是因為你們之間的這種關係形態，讓你放棄了自己的力量！

但是，每一個當下時刻都是力量的所在。你現在隨時都可以向對方說不！而且要繼續說。你必須在心理上徹底說不。把這個「不」大聲說出來。有些事情如果你無法避免，就讓自己不要發出任何振動，直到那個影響力最後自己消失。

跟精神吸血鬼分手

- **請不要害怕精神吸血鬼**。是沒錯，他們非常真實，而且很多人可以藏身在網際網路和一堆大頭銜背後。我們很容易就受到操縱，但力量是握在你手上，你擁有光明和美好，有時候，你只要想起自己的美好，就能得到自由。

- **要時時把注意力放在能夠給你力量、滋養你心靈的事物上**。你要信賴自己的振動，並尊重自己的感受。不要去做那些會讓你感覺無力、消耗能量的事情——尤其在你覺得脆弱的時候。
- **避免飲酒、抽菸和暴飲暴食**。當你覺得自己缺乏抵抗力時，請避免隨意的性行為和社交互動。任何讓你失去理智、失去靈魂的事情，都會讓你的能量場產生破口。
- **每日精進提升自己**。為自己創造成長茁壯的神聖空間。不知不覺中，你整個生命會開始煥發光彩，散發一種與宇宙相連的感覺！

簡易心靈淨化技術

心靈淨化的技術方法非常多，只要選擇你覺得舒服的方法就好。而且一定要持續進行（無論你決定用什麼方法）。

心靈的淨化和保護不僅僅是一種行為，更是一種生活方式。一次儀式不會讓事情就此變好，但會有幫助。養成生活習慣可以增強你的能量，提升你能量故事館的頻率！

✦簡單心靈淨化浴✦

水被用於心靈淨化已有數千年歷史。受洗、受淨事實上是一種古老的做法，它是將神聖力量注入水中，用此聖水沐浴可以清除不潔之物，讓你充滿聖光。

水有一種獨特的能力就是它可以攜帶特定意圖。我們可以透過祈禱詞和肯定語，來為水注入靈性能量。浸浴在攜帶正面意圖的浸泡桶中，可以讓你的振動提升到跟水的振動一致。這是一個簡單但有效的練習。

在浴缸裡放入可以讓你感覺放鬆的熱水。加入少量海鹽。海鹽是一種神聖的礦物質，因為它能吸收並溶解低頻振動。跟其他晶體結構一樣，你要先用海鹽來確認你的意圖。你也可以用瀉鹽（Epsom salts ／硫酸鎂）來代替海鹽，如果可以取得的話。

當鹽溶解時，同時想像這盆水散發出金白色的光。無論你觀想它是什麼圖案，它都是帶有神性的光。這樣的觀想能夠為水祝聖，並賦予它靈性意圖。

進入浴缸，浸泡約十到十五分鐘。不要使用肥皂或洗髮乳。這不是在洗澡；這是在淨化你的能量場。如果海鹽還有很多未溶解，你可以取一小撮鹽在身體上摩擦。

記得一定要讓頭頂和髮根部位都浸到水。這兩個部位是能量進入我們氣場的主要門戶。

重複念誦一句禱詞或肯定語。只要是發自內心，都是最合適的。

正向肯定語：神聖之水洗淨所有負向振動，使我的光明本我得以顯露。

✦鼠尾草煙薰儀式✦

用煙霧來做淨化和祝福也是一項古老的傳統技術，一般稱為薰蒸或煙薰（fumigation or smudging）。植物燃燒所產生的煙霧，可以驅除和吸收不好的能量。將數種植物結合起來使用，一方面可清除負能量，同時也將新的意圖注入能量場中。

鼠尾草對美洲原住民來說是一種神聖藥草，它可能是當今最為人熟知的淨化工具之一。在家中或自己身上鼠尾草煙薰淨化，可以驅散負面能量。你也可以加入另一種植物一起做煙薰，比如雪松、薰衣草、玫瑰或甜茅草，讓氣場保持通暢。

1. 先用火將一束鼠尾草點燃。看到頂端發出紅光之後，將火焰吹熄，讓葉子悶燒產生煙霧。你可以在鼠尾草下方放一個耐火碗或貝殼來接住燃燒產生的灰燼。
2. 拿著鼠尾草束在你身體四周移動，讓煙霧將你完全包圍。我習慣用逆時針方式在自己身體四周繞圈。有時我也會用手拿著鼠尾草，以逆時針方向繞行一小圈。另一種方法是用床單將全身包圍起來，只露出頭部，然後讓煙霧聚在床單裡面。但是要小心，不要讓床單著火！
3. 空間的煙薰淨化。有灰塵聚集的地方，就會有不好的能量累積。手持鼠尾草，在你房子的每一個房間繞行，讓煙霧聚集在房間角落、照不到光的空間、家具底下，以及任何你覺得雜亂的地方。甚至可以針對某樣物品單獨做煙薰淨化。

4．進行煙薰儀式時，可一邊念誦祈禱詞或正向肯定語，一邊觀想煙霧正在吸收你氣場中的負能量。

5．正向肯定語：當煙霧聚集，所有負能量都被驅散。

✦克服焦慮、提升個人力量的清理儀式✦

當你覺得受到束縛、感到心累提不起勁，可以用這個儀式來清理負面能量。之前介紹過的幾個提問法，都可以幫助你找出痛苦的根源。把你想到的東西寫在紙上。這個儀式會用這些資訊來作為你的施力點。

你可能會發現自己陷在一張網中，因為某些不好的習慣、個人責任、過去的情感關係，或是受困的感覺所交織而成的網。試著用一個能夠清楚表達這個狀況的詞彙或短句子來形容它。為某樣東西命名可以產生力量。但我們現在不是要去修補那張網——我們是要將它們全部剷除！

如果你發現自己因一段感情而感到身心疲憊和受傷，那就好好將它釋放掉。無論是真實的戀愛關係，或是精神上的情感執著，不論是過去還是現在。或是你發現自己有某個壞習慣、心裡有某種恐懼想法等等。請給它一個清楚的名字！

準備以下材料：

一顆新鮮檸檬
一支奇異筆（紅色或黑色）
一個玻璃碗裝滿礦泉水
半杯海鹽
一把乾淨的刀子
一小支白色蠟燭

準備好以上材料，將你要淨化的問題寫在紙上，然後找一個你可以安心進行這個儀式的地方。因為最後你需要進到浴缸裡面，所以你可以直接選擇在浴室進行。

首先，將注意力放在呼吸上。讓自己完全放鬆，活在當下。利用察覺周圍環境的技巧：看、聽、聞、感受眼前這個空間裡的所有東西。讓呼吸愈來愈深沉，感覺你的肌肉愈來愈放鬆，尤其是臉部、眼睛、嘴巴、頸部、肩膀和上背部。這些部位很容易因為壓力而累積緊繃感，最後它就會變成帶毒。

根據你列出的問題，看看裡面是不是藏著精神吸血鬼（我的生活中是否有某個人讓我感覺很不舒服？有沒有哪一個人我跟他相處起來覺得很累？我是不是把我的力量交給了某個人或某件事情？我現在應該如何尊重自己？），將你想要清理的問題明確化。如果經過檢視之後，你想更改你的詞句也可以。請記得：你可以不斷重複檢視你的問題。當你找出明確的詞彙、名稱，或是可以清楚描述問題的句子，請用麥克筆將它寫在檸檬上。

在檸檬表面寫下又大又粗的字！你可以一邊寫，一邊大聲唸出來，讓它更有真實感。將那些詞句深深刻印在檸檬皮上。這個儀式使用檸檬，是因為檸檬經常被拿來作為物理上和能量上的淨化媒介。它與月亮連結，有助於消除我們內心深處的負面情緒感受。

將檸檬握在手中，開始用檸檬搓磨身體，就像你洗澡時用肥皂來搓磨身體一樣。從頭部開始，依次往下搓到腳部。你可以憑自己的感覺，來回多次搓磨。

一邊搓磨，一邊複誦以下的肯定語：

我解開身上的束縛。
我放下我的執著。
我切斷那個連結。
我清除所有痛苦。
我放下不再抵抗。

當你由上而下搓磨身體時，重複這句肯定語至少三次。這樣做的目的主要是在清理你的能量體，因為那些負面、混亂的能量和思想感受，就是糾纏在你的能量體裡面，讓你陷在其中無法自拔。

現在，將檸檬放在兩隻手掌的正中央。重複唸三遍正向肯定語。然後用兩隻手輕輕擠壓檸檬，讓它來回滾動，讓整顆檸檬變軟。這時檸檬會散發出清新氣味，聞起來非常香。

將檸檬先放在旁邊，然後開始將礦泉水和海鹽混合在一起。感受、感覺並想像玻璃碗中充滿了金色光芒，光線開始躍動，並向外輻射出來。這是帶有新鮮活力的宇宙能量。

小心拿起刀子，將檸檬切成兩半。一邊切，一邊重複你的肯定語。將檸檬汁擠入那碗鹽水裡面。讓檸檬的香氣振奮你的精神。最後將剩下的檸檬皮放入碗中。

取出蠟燭，用檸檬鹽水把蠟燭洗乾淨。然後將水甩乾，或是用毛巾擦乾。接著將蠟燭放在兩隻手掌中間，置於心輪的部位。

重複以下這段肯定語：

這道光，是新的起點。

我是自由的人，不受任何限制。

我解開一切束縛。

我以優雅的步伐往前邁進。

然後將蠟燭點燃。

當蠟燭燃燒時，開始放熱水，讓自己泡個舒服的澡。一邊放水，同時將那碗檸檬鹽水加進去。用手在水裡攪動，讓鹽溶解，也讓檸檬徹底跟水混合。

一邊重複這句肯定語：

我是自由的人……我是自由的人……我是自由的人……

然後進入浴缸，整個人泡在水裡一會兒。徹底放鬆，放掉所有念頭，解開束縛。浴缸裡的水可以幫你排出能量毒素，溶解身體殘餘的疼痛。你可以根據自己的需要，想待在浴缸裡多久都可以。不要急著用肥皂或沐浴用品來清洗身體。讓檸檬的香氣、海鹽和水在你身上發揮作用。整個頭部都可浸入水裡面，但要小心安全。特別注意不要讓檸檬或海鹽跑進眼睛裡！

泡在水裡，感覺自己完全的自由。再次重複你的肯定語，或是直接說出你當下內心的想法。你的靈魂清楚知道你需要什麼。讓自己充滿慈悲、光明的能量。你的靈魂之光會不斷茁壯和擴展。你正在用明確肯定的姿態召回你的力量和潛能！

讓蠟燭全部燒完。將剩下的檸檬皮撈出來，丟進垃圾桶或埋在樹根附近。讓你過去的難題、心痛和痛苦的陰影都成為過去，全部都到垃圾桶裡。你現在是徹底自由的人！

這個儀式可以帶給你一種宣洩、解放、得到力量的感覺。所謂帶有意圖的療癒，就是採取行動來將這個意圖化為實際。這個清理儀式可以幫助你指出，並有意識地放下所有阻礙你的東西。如果你夠勇敢，而且準備要改變自己，你一定會朝這條路前進。你本身就是魔法，而且宇宙會幫助那些想要幫助自己的人。

做完清理淨化之後，你會感覺整個人變得很輕盈、明亮、有活力。你可能需要一些獨處的時間來做一點反思。你已經進行了深度的療癒。要以溫柔、悲憫的心來意識你的那些需求。好好睡覺、休息、唱歌、散步。請記得，你可以隨時重複做這個清理。如果你的問題很難解，建議連續三天或更長時間重複進行這個儀式。信賴你自己的內在智慧。同時，藉由其他支持性的療癒，來讓自己獲得平衡、明晰和沉著的心。自我關照是一輩子要持續進行的事。

✦心靈防護白光觀想法✦

若要長時間維持你的靈性淨化結果，則可使用心靈防護法。

心靈防護可以幫你保護淨化後打開的空間。它除了能建立正向振動頻率的結界、消除負面思維，還可以讓你持續保有那個自主空間以及強化你的意圖。

建立能量結界和自我防護的方法有很多，白光是一種經過驗證的有效方法。觀想白光呼召神聖能量，將你包在一個防護泡泡中。在人群擁擠的公共場所，或是面對高壓力情境，這個方法特別有用。

1. 閉上眼睛。專注於呼吸。找到你的呼吸節奏。然後開始吸氣數到四，吐氣數到四。
2. 想像一道金白色的光芒瀑布傾瀉在你全身四周。你看著自己被這道神聖之光包圍和保護起來。
3. 正向肯定語：我被白色的保護之光、慈愛和療癒之光包圍。

只要你有需要，隨時都可以使用白光保護法。任何時間、任何地點，防護的白光都會將你包圍！

✦觀想紫外線✦

紫外線屬於我們眼睛不可見的光譜範圍。它的輻射方式非常特別，會在分子層次上與所有東西產生交互作用。基本上它會輻射出較低頻的振動，在物理層面上，紫外線光譜可殺死細菌和其他疾病。

觀想你身體四周被紫外線環繞，可有助於消除負面影響力，保護你免受入侵者傷害。從能量上講，紫外線可以將你提升到你的至善自我振動頻率。

紫外線與上層脈輪連結，尤其是頂輪。在靈性較高的人以及所謂的揚升大師身上，我們可以實際上感知到這種光譜。當你調整到與這種能量相同頻率，就是等於和你自己的神性保持頻率一致。

我們常聽到，觀想白光具有保護作用，同樣的，觀想紫外線也可以形成保護屏障。無論任何時間，尤其是當你覺得自己特別脆弱時，可以觀想你身邊四周環繞著紫外線的光。

✦觀想黑色斗篷✦

黑色對於驅除精神干擾具有非常強大的力量。本質上來說，黑色就是沒有顏色，是動亂能量被吸收以及受抑制的空無狀態。因此黑色有助於心靈保護、轉化，以及思想孕育。

首先，藉由節奏呼吸讓自己平靜下來。吸氣數到四，然後吐氣數到四。將手放在腹部，感覺它隨著吸氣吐氣而上下起伏。給自己一點時間沉靜下來，深深進入你的身體、頭腦和靈魂。

當你進入到內部的重心所在，讓你的頭腦充滿靜電。看著那個靜電狀態，就像看著一台舊電視，在你的頭腦裡面發出劈啪的雜訊聲音，允許你頭腦發出任何嘶嘶聲。讓那聲音在你身體內外慢慢擴大、延展，直到你整個人被黑白點交錯的雜訊風暴（salt-and-pepper static snowstorm，或稱脈波雜訊）完全吸收進去。

現在，你來到這片雜訊風暴的正中央，你注意到，黑點的數量開始超過白點，而且不斷擴大，最後變成一大片顏色非常深的天鵝絨黑，你躺在像搖籃一樣舒適柔軟的黑色雲朵上。

現在，你全身披著一件溫暖的黑色天鵝絨斗篷，那是一件護身斗篷。只要其他人的負面意圖或雜念飄進你的這個私人空間，都會被吸收到這件黑色天鵝絨斗篷裡面，被回收到宇宙中，作為他用。

進行這個觀想時，你可以穿上黑色毛衣、天鵝絨夾克，或是圍上黑色羊毛圍巾，只要你覺得柔軟、舒緩、溫暖的東西，都可以用它把自己包起來，效果會更好。請記得，任何時候你覺得有需要，都可以做這個黑天鵝絨斗篷的冥想練習。

✦黑碧璽護身符✦

黑色碧璽是最受人推崇的護身符之一。它是一種墨黑色的石頭，通常表面粗糙且帶有斑點。身上佩戴黑色碧璽，就跟黑天鵝絨斗篷的保護效果類似。它可以吸收外來的能量干擾、淨化你四周的氣場，保護你免受負面意圖甚至惡意力量的侵擾。

這種帶有薩滿能量的黑碧璽，可以幫助你在能量層次上接地扎根，有助於深度冥想和內省，幫助你釐清你的念頭思緒和情緒感受。深入內在，可以讓你發現靈性目標，並在生活各個層面上保有自己的空間。

佩戴鑲有黑碧璽的首飾，或者將它裝在小袋子做成項鍊或腰帶來配戴，或是放在口袋裡，都可以。也可以在你需要的時候把它握在手中。睡覺時把它塞在枕頭下，也會有驚人的效果！仔細傾聽你的直覺以及石頭精靈要對你說的話。

✦呼召你的指導靈✦

別忘了呼召你的靈性圈導師來幫助你！你的個人指導靈、天使和所有其他天界協助者，隨時都願意伸手幫助你。除了能夠為你提供保護，也可以為你帶來洞見，讓你能夠深入你正在進行的療癒。

✦每天練習✦

固定每天練習，可以讓你隨時保持清醒的能量狀態。覺察自己的能量索，是你宣告自我神聖空間的其中一種方法。你也可以嘗試別的練習，看什麼方法對你最有用。別忘了要對自己保持耐心和溫柔。愛自己可以療癒並提升我們的振動。

為宇宙盡一份力量

以下提供的幾個小技巧，既可增強你的心靈免疫力，也可讓你在宇宙中扮演好你的角色，盡自己的一份力量。散播好的能量振動、協助激發愛和創造力，方法有很多，你可以從這幾個方法開始，然後找出最適合你的方式。最重要的是，聆聽宇宙大靈傳達給你的訊息。你存在於這世界，自然有你獨特的生存之道，那通常就是你消除負能量最有力的工具！

跟你的意圖玩遊戲

把活在當下當成一種遊戲。留意自己的感受，並深入覺察那些感受的背後原因。在平常生活中，你隨時可以問自己這些問題：為什麼？為什麼我有這樣的感覺？為什麼我會卡在這件事情上？為什麼這件事讓我覺得愉快？為什麼這件事對我很重要？

有時，你就只要問「為什麼」就可以了。不需要冗長答案。當你問出這個問題，就等於把自己喚回當下此刻。你只要記得，如果你感覺不到好的振動，那就是你的靈魂在告訴你，要改朝另一個方向前進。一步一步慢慢往前走，開始改變自己的意圖。儘管微小，意圖引導改變。

活在此時此刻，當你感知你的整個存在，就會找到自己的真實感受。你希望自己擁有什麼樣的感覺呢？

你希望自己的生活有什麼樣的感受，就聚焦在這個感受，這是創造其他一切事物的基礎。你最深層的意圖是始於一種感受。這個感受就是你在宇宙沃土種下的種子，它最終會茁壯成為一個完整的人生經驗。所以，你希望自己擁有什麼樣的感受呢？

一整天都問自己這個問題，看看現在的你離那個感受有多遠。若你想要感受愛，但當下的你只感受到挫折，那就讓自己穩住在當下這個挫折感之中。去感受那個挫敗感。真真實實進入它，讓它穿過你的身體，然後排出體外。我們必須透過實際經驗來放下我們的感受，而不是忽視它們。

然後你就可以繼續踏出下一步，去感受最棒的感覺！如此一直往前進，就像爬樓梯。

對自己慈悲有助於展現真實自我

練習對自己溫柔說話。用正向肯定語、祈禱和詩歌來滋養你的靈魂。讓自己身邊四周充滿讓你感覺美好和活力的事物。你的住家和工作場所是神聖的，應該充滿美好的感覺氛圍。

每天試著對自己說這些肯定語：

我活出魔法般的生活，展現真實自我。

我每天都愈來愈愛自己。

我尊重我內在的智慧和我的靈魂之美。

自我賦權的機會以各種方式來到我眼前。

你也可以自己編寫肯定語，來反映你個人獨特的療癒旅程和自我表達之經驗！

頌揚你靈魂的珠寶

現在，你已擁有一顆閃閃發光的智慧寶石，一個你可以付諸行動的美好意圖，可以開始用這個神聖意圖來建造一個世界了。賦予它生命、顏色、紋理質地和名字。只要你覺得合適，什麼內容都可以。你可以幫這個願望設計一個夢想板，這樣你就可以用肉眼具體看到它。或是用筆寫下來也可以。無論你用什麼方式來探索這個願望，都能餵養你的靈魂。

只要朝著你的願望邁出一小步就好。不必做出根本性的改變。當你對自己的感受變得更加感興趣、也更加信任時，道路就會在你面前自然展開。當恐懼的聲音出現，可以用這句話來安撫它：「現在，我是在跟意圖玩遊戲！」

跟你的夢想立約

有時，我們的夢想和願望與我們目前的生活並不相符。我們看著鏡子說：「我看起來一點都不像﹝搖滾明星、藝術家、傳教士、舞蹈家等﹞。」你認為自己看起來一點都不像你想要成為的那個人，所以你不斷在逃避它。你可能不是什麼天才兒童，不是在媽媽肚子裡就會唱歌、繪畫或寫作，但這並不代表你不能從今天開始為這件事情去努力。

你的夢想就是你的個人財寶，要不要實現它，只有你自己能決定。

跟自己立下契約，在夜裡，在水邊，在月光下。

對著一顆星星，跟自己立下一份特別的契約，為自己的夢想和才華注入一點生命的火花。開始相信你內心的渴望。宇宙已經給了你一個奇特火花，這個火花是要讓你去點燃內心的火焰，照亮你的世界。

人們常說，命運是寫在石頭上的契約。那顆是他的命運，那顆是你的命運，那顆是我的命運。你的命運不是靠運氣決定的，而是由你的內在渴望決定的。你嚮往的事情，讓你感到興致盎然的事情，你夢想的事情……是這些東西掌握了你命運的鑰匙。

命運不是一組你要去達成的事情；命運是你要去擴展的一種意識狀態。

為了讓夢想成真，你必須從一個小舉動開始。你必須對宇宙揮手，說：「嗨！我已經準備好為這個夢想打開大門了。」這並不是說你必須徹底翻轉你的生活，改變每一件事情，而是說，你可以為這股新能量創造一個焦點。讓那扇門在你思想和心靈中打開，然後它就會反映到物質世界。

你可以嘗試以下這個練習：

先收集一小堆能夠反映你內在渴望和夢想的圖像和字句。找到符合你想要創造的能量振動的圖片。拿一張稍硬的大卡紙，剪出一個圓。圓圈大小不拘，但要夠大，可以讓你把圖片全部貼在上面，而且可以清楚看到那些圖片。

這是你個人的曼陀羅圖板，它基本上是一個用來聚焦用的冥想輪。在這個圓形紙板上，把圖片拼貼上去，成為你一步步前進的方向。在紙板背面寫下日期，寫一句能夠代表你願望的肯定語，然後簽上你的名字。

當你用你的意圖賦予這個曼陀羅圖板力量，並不斷複誦你的肯定語，你就是在為它注入強大能量。你的簽名就是你對宇宙的正式宣告，代表你正在跟你的夢想立約。

每天花幾分鐘與你的曼陀羅在一起，至少每天一次。透過圖像、文句和顏色來感受。讓它們深深進入你的靈魂中。以這個具有激勵作用的意圖來餵食你的靈魂。

讓感受湧上你的心，然後注入這張曼陀羅圖。這張曼陀羅可以作為你的一種提醒，它就像一種能量漩渦，能將實現這些夢想所需的機會帶入你生命中。

你對宇宙大靈愈敞開，它就會對你愈加敞開。

可能性擁有強大力量

當你將你的意圖扎根在一種感覺上，你就為它打開了無限可能性。無論你的感受是什麼，也無論你身在什麼環境，你始終可以信賴的一件事就是可能性。一定會有新的東西到來，這個可能性永遠存在。那是宇宙的本質！

內心深處永遠要相信那種可能性的存在。不需要擔心這個可能性會以什麼形態到來。這種擔心只會削弱它的力量。宇宙知道如何讓一粒種子長成一棵大樹，然後長成一片森林，不需要任何幫助。道路會在你面前展開，為你帶來超乎你能想像的境遇和經驗。既然如此，你又何必浪費精神去強迫事情發生呢？

光憤怒是不夠的。當某件事深深困擾你，你要有足夠的好奇心去找出它的根源。你內心的某些東西需要表達出來。外部世界的經驗會讓你意識到這個需要。

當你點燃內在願望的火焰，全世界其他人也會跟著這樣做。我們就不必再向外去尋找光明，因為我們本身已經成為光明——那把照亮黑暗的變革之光，以及在暴風圈中心點閃閃發光的指路之星。

第二部

塔羅

映照自我

我們已經和陰影面對面，也看到自己內在的所有面貌，
現在該是進一步探詢塔羅更深層訊息的時候了。塔羅就是我們的
一面鏡子，當我們透過塔羅得到更深刻的領悟，
就能踏出關鍵的一步，療癒自己也療癒世界。

THE TAROT:
A Mirror on the Self

4

大牌與原型

現在要來介紹我們在自我認識和自我療癒路上的一位新盟友：塔羅原型（Tarot archetypes）。塔羅的二十二張大阿爾克那牌，分別代表一個原型。當你開始認識每一張塔羅大牌的圖像與含義描述，你會看到每一張大牌各自擁有什麼樣的光明面和陰影面，以及這兩個面向分別是用什麼方式運作。

當你閱讀每張牌的原型描述時，你可能會從中看到自己的人生和性格。如果你發現自己比較多的性格是屬於那個原型的陰影面，請不要評判自己。保持開放心態，承認那就是你內在自我的一部分。塔羅牌只是一面鏡子，它是把你可能遇到的挑戰、你的天賦才能都呈現在你面前，同時也會揭露各種不同方法，幫助你提升力量和潛能。

請記得：每個人在自己的人生當中，都不斷在原型的光明面和陰影面之間移動。先具備這個認知，然後打開你的覺察力，你就會看到更深層、更廣闊、更豐富的東西，那將是你前所未聞的世界。

雖然用出生日期就可以算出你的主要原型牌，但你可能會發現，其他牌也能吻合你的情況。塔羅牌具有共通性，原型也是，究極而言，作為人類和靈性存有，我們的潛能光譜原本就已經涵蓋了每一張塔羅牌的內涵。

你可以仔細觀察，每一個原型是用什麼方式展現在你的性格和你的人生經歷中。閱讀本章內容時，不妨一邊思考自己的情況。你是不是像魔術師那樣運用你的創造潛力？什麼情況下你會像皇帝那樣強勢？你是不是也會像星星那樣脆弱易受傷？

你會發現，你對某幾個原型特別感到熟悉，好像在那張牌的性格描述中看到自己，但是對其他牌就不是那麼喜歡，甚至有些會觸發你的痛苦感受。如果有這種情況，你隨時都可以問自己：我可以從這當中得到什麼成長？

你應該已經發現，不會有人的原型是愚人，因為任何出生日期加起來都不會是零。不過，有時候你可能會想要用這個原型來做自我探索，尤其當你要展開人生新篇章時。因此，我們在這裡將愚人牌的數字設定為22，而不是零。

生日塔羅牌就是你的原型

塔羅提供了各式各樣的途徑，讓我們可以去探索自己和身邊周遭世界，獲得了解、釐清以及方向感。大阿爾克那牌分享給我們的洞見和智慧，是關於我們的整體人生經驗和個人生命主題。你可以用這二十二張牌作為一種指引，看看你的人生會遇到什麼樣獨特的挑戰和祝福，藉以提升你的靈魂、視野和目標感。

就像你的性格會受到出生時刻星座的影響，你也會有一張屬於你個人的塔羅牌，代表你的人生主題。用出生年月日算出的這張牌，就代表你可能遭遇的人生經驗，以及困難挑戰背後隱藏的智慧，它同時也會揭露出各種不同途徑，讓你看到自己的人生使命。

請記得，沒有什麼事情是不會改變的：出生日期塔羅牌只是為了讓你看到新的觀點，並督促自己實際採取行動。請帶著好奇心來進行這個練習，探尋你個人來到這世界的獨特使命和展現方式，以及它跟塔羅之間的關聯。讓自己因感動而成長，為自己和這個世界展現自己全部的潛力。

算出你的生日塔羅牌

首先，把你的出生年月日所有數字全部加起來，用得到的總和去對應二十二張大牌。在這裡，我們把0號愚人牌的數字設定為22。

例如：你的生日是1990年2月3日，生日塔羅牌就是2+3+1+9+9+0，總和為24。

如果出生日期總和大於22，就再相加一次。

例如：總和24，2+4=6，就得到此人生日塔羅牌是6號戀人牌。

戀人牌透露的訊息是，此人很容易在他們所選擇的人生經歷中受傷，而且他們很可能不知道什麼樣的選擇才能帶給自己幸福，因此經常優柔寡斷，也不想做出承諾。

這張牌的正向肯定語是：「我可以輕鬆做出有利於我幸福的選擇。」

用這種方式來認識你的生日塔羅牌，你就能知道自己該朝哪個方向成長，你的人生目的會更清楚，你也會比較容易去面對生活中的挑戰，找到方法克服它。

有些人的出生日期加總後可能會得出兩種原型牌，一個是出生日期加總後得到的數字，一個是再次相加之後得到的數字。例如，你的出生年月日總和是13，你得到13號死神牌。你可以選擇直接使用這張牌，也可以把1和3再相加一次，得到4號皇帝牌。

泰瑞莎的出生日期加起來是11號正義牌。以下是她的分享，我們可以看到這張牌的原型如何實際體現在她生命經驗中：

”我年輕時很關心公平正義的問題，也真的想過要成為一名律師。我曾做過不少跟社會正義有關的工作，後來卻踏上了完全不同的道路——我成了一名塔羅占卜師，到現在已執業將近三十年。如果你把11這個數字再次相加，它就變成2號女祭司。我跟這個數字有強烈共鳴，但有時我還是會進入正義原型模式！

生日塔羅牌之外的其他原型

《黑暗中的塔羅之光》這本書的一個核心概念是要讓你知道，你可以讓自己光芒更加閃耀。將每一個生命經驗看作一次擴大覺知意識的提問機會，此事至關重要。成長和個人進化是你獲得幸福的關鍵，所以，請把這句話當成你的魔法咒，經常對自己說：「我很好奇、我想要知道」。對每個原型提出各種問題，讓自己挖得更深一些，拉開知識的廣度，鼓舞自己付諸行動。不僅練習時要這樣，在實際生活中也要同樣抱持這個態度。

當你愈來愈熟悉你的生日塔羅牌，你會看到更多可能性出現。你會對自己以及引導你人生方向的能量有更清晰的認識。若要讓自己活得有目標、擁有豐富的人生，這是非常重要的一步。

你可能會發現，你跟你的生日塔羅牌有很深的共鳴。你已經跟它提供的深層能量平台建立起連結，你可以讓自己逐漸展露出那些特質。但同時，你的生日塔羅牌也可能會給你一些挑戰和刺激，以增強你的光芒，讓你的生命提升到你未曾想過的境界。

這兩種情況都有可能，因為你的觀點和境遇不斷在改變。生命不是一種真空狀態，不同的環境會激發你展現不同的個性特質和能力。

總而言之，另一條道路永遠都存在，你永遠都有自主權，生命中到處都是魔法石。你始終擁有選擇權，因為沒有一樣東西可以完全定義你。你的生日塔羅牌是一面鏡子，是你真實自我的反照。但如果你也對另一張牌有共鳴，那該怎麼辦？

在你閱讀每一張牌的含義時，其他牌的家族排列也可能會對你說話。如果出現這種情況，請讓自己深入去探究那個經驗，找到其中蘊含的智慧。當某樣東西引起你的注意，請相信你的直覺。去探索更深的可能性，讓你成為自己人生的重要角色！

用另一種方式為你揭露原型的潛在力量

當你探索大牌原型時，請特別留意，除了你的生日牌之外，還有哪幾張牌會吸引你或讓你覺得反感。這兩種情況都具有強大力量。當某樣東西吸引你，代表它想要成為你人生經驗的一部分。當某樣東西讓你反感，它是想要讓你學會該在哪裡轉向、放開自己、改變自己。

在心中抱持意圖，去找出是哪幾張牌代表你想要療癒、改變、創造或統整的事情。意圖是一切改變的動力。當你清楚自己的意圖，就會看到實現它的途徑。意圖必須透過行動來實現，改變才會發生。你的意圖是什麼？哪一張牌可以代表你實現目標該具備的性格品質和行動？你如何體現這些心性品質？

當你找到一張牌可以代表你自己的性格特質、也跟你的意圖頻率一致，請把它從整副塔羅牌中取出來，放在你的鏡子前面，或是放在祭壇或床頭櫃上，作為一種提醒，你有能力做到跟這張牌一樣。把這張牌當作你自己這個人，然後冥想或觀想你自己就是那個原型，正在做你想要做的事情。這是加強自我肯定的一個有效方法！

確認你哪裡需要療癒。若要在各個層面上都得到療癒，首先要先做出承諾，願意把你的經歷轉向，然後一步步去修補傷口、釋放創傷。傷口包括實際上的困難挑戰、情感包袱、過去創傷，或是你一直在抗拒的信念。注意看哪一張牌能夠代表或涵蓋你想要治癒的傷口。例如：假設你跟男性權威人物相處有困難（你的挑戰），可以看看皇帝牌的什麼特質是你可以學習的，試著與他們和解，或是將那些特質融入你的生活。通常，疼痛的解藥就是與那個毒物和平共處。

如果你發現某張牌特別能夠描述你的創傷，就用這副牌的其他張牌將那個受傷的故事具體呈現出來。先排列出故事，然後再加上幾張新的牌，讓它變成你想要的故事，以此來改寫你原本的故事。這樣做的用意是，讓你重新去編排那個創傷的能量網絡，去修復和統整陰影面與光明面。

塔羅原型是我們的信使和老師。如果你想要學習如何去體現、感受或展露一個新的性格特質，就找一個原型來教你。比如，你可以請力量牌這位老師教導你如何克服逆境。她是怎麼辦到的呢？她要教導你什麼？或者，你也可以去請教女祭司，用她的明智建議來開展你的通靈天賦。仔細體會他們如何具體表現那些技能，以及他們用這些技能來做什麼事情。你想要那位老師教導你什麼事情，請列出一張行動表。

塔羅原型

1・魔術師

和愚人不同，魔術師清楚知道自己在做什麼。他擁有超凡的技能和意志力，可以將他想要的事物顯化成真。他將道具全都攤開擺在面前，然後運用這些工具來創造他想要的現實。這就是自律、創新和專注的意志。魔術師完全掌握自己的力量，他知道自己（而且只有他自己）要對生命中的一切際遇負責任。藉由讓精神和物質頻率調和一致，他顯化自己的命運。

魔術師的陰影面是詭計多端、濫用權力、缺乏焦點，以及操縱他人。他不去依靠現有的工具、資源和才能，而是訴諸巧詐詭計。

2・女祭司

女祭司具有通靈能力。她直覺敏銳，富有同理心，並且始終信賴自己的直覺。她是奧祕知識的看守者，也是具有變身能力的人。作為一種原型，她是女性陰柔智慧的具體展現。只要她願意，她會大方與人分享她的知識。但大多數時候，她都隱身在她的石榴簾幕背後，只跟少數她認為真正值得的人分享。

女祭司的陰影面是被動、狡猾、喜歡臆測、無法相信直覺。她不信賴自己的直覺，反而是去找別人給她建議。這可能會讓她偏離了自己的靈性道路。好像有很多黑暗祕密需要公開，可能是陰暗女祭司給人的另一種感覺。

3・女皇

大阿爾克那牌的第三個女性原型是美麗的女皇。她是年幼者和弱勢族群的照顧者和保護者。跟地球母親一樣，她擁有強大創造力和生育力——而且她靠自力照顧孩子。女皇是真正的女家長，對所有人都關懷備至，但她不只具備仁慈和母性，她也很感性、喜歡肉慾享樂。認真追求充實的生活，這就是女皇。她自信沉著又很能控制局面——而且不怕承認自己就是這樣的人。

女皇的陰影面是令人無法喘息和不斷需索。比如過度介入兒女生活的媽媽，或是只想滿足別人而不顧自己需要的受難烈士。你身邊有這樣的人嗎？

4・皇帝

和女皇一樣，皇帝也是保護者和供給者。但他的能量是屬於陽性、父系、有紀律的。他的座右銘是：能夠創造黃金的人，就有權制定規則。他就是大老闆！這個原型是統治王國的權威人物。在他帶領下，一切都安全穩定。你會被照顧得妥妥當當！他是一位無所畏懼的領袖，因為身經百戰而變得非常成熟，隨時準備掌權。

皇帝的陰影面是一個想要掌控別人的控制狂。他不但不能帶給別人安全感，反而剝奪了別人的權利，而且缺乏同理心。武力是他的武器，規則全是為了滿足他的需要而制定。這是一種帶有壓迫性、厭女症和父權思想的能量。

5・教皇

教皇是靈性導師，是眾神的代言人，將眾神制定的法則實際落實在人間。他是社會的道德羅盤。遵循傳統和制度結構對他來說很重要。和皇帝、女皇一樣，他手上也握有權力。不過他掌管的是道德和靈性智慧。

教皇的陰影面是盲目信仰、順從、不寬容，以及僵化、教條式的信仰體系。利用靈性來控制別人的假先知，或盲目順從的小綿羊，兩者都是教皇的陰影元素。

6・戀人

戀人原型本質上帶有雙重二元性。一方面，這張牌象徵相互吸引與合一。另一方面代表抉擇。什麼樣的選擇可以為你的至善自我服務？你要如何統整兩個選項？人生就是一連串的選擇，戀人必須在誘惑和聖靈之間做出選擇。這個原型也是愛的化身——要愛我們身邊的人。它提醒我們，愛是定律。沒有愛，生命只讓人感覺空虛。

戀人的陰影面是優柔寡斷、放縱、不忠、屈服於誘惑或慾望而不考慮後果。會利用別人來滿足個人私慾，就是戀人陰影的一個例子。

7・戰車

戰車原型代表從戰場歸來的英雄，他獲得勝利，而且握有掌控權。他不害怕承擔責任或投身戰鬥。他把自己的人生活得像一名真正的戰士：為正義而戰、為自己所愛而戰。如果你是屬於這個原型，那你就是掌握方向盤的人，你（而且只有你）可以決定自己要走多遠。你是第一流的戰士！

戰車的陰影面是攻擊性、誤用意志力、缺乏方向，或是在控制權方面有問題。不只是想要控制而已，而是在某些情況下，會失去自己的控制權。如果你曾經將自己的力量交給別人，你就知道什麼是戰車的陰影面。

8・力量

戰車牌擁有權勢力量，力量牌也是。但這裡的力量靠的不是武力。相反的，這張牌是象徵內在力量，以陰柔的方式運用力量。這位女英雄沒有採取攻勢，而是展露溫柔卻堅定的能量。這個原型就是女魔術師，她不需要任何道具，光憑她的雙手就能讓魔法發生。她是用愛戰勝敵人的女性領袖。

力量牌的陰影面是缺乏勇氣，或是凶猛、不羈的自我。這種能量一方面非常霸道，但同時也非常懦弱。一個管教孩子很嚴厲的父親，卻不敢反抗他的惡老闆，就是最明顯的例子。受害者心態是力量牌的另一個陰影原型。

9・隱士

當我們需要從外部世界抽身，我們就進入隱士原型。這張牌代表靈性智慧和反思內省。遁世隱居者，攜帶著從經驗中獲得的神祕知識和世俗智慧，不斷審視自己的內心，是純粹的隱士能量。他既是求道者也是導師，在自身內外尋找真理。孤獨嗎？沒什麼大不了的。最上乘的智慧訊息乃是從那裡誕生。

隱士的陰影面就是無法獨處、不信賴自己的內在指引、對上師極為依賴的人。無法從過去錯誤中學到功課的人，就是陰暗隱士，那些與世隔絕、拒絕面對人群的人也是。無法發揮自己的社會功能、性格孤僻的人，也是隱士的陰影原型。

10・命運之輪

幸運女神和機會都跟命運之輪相關聯。此原型在這裡是指命運和變化，順其自然的能力。無論人生順境或逆境，生命之輪都在持續轉動。最好的情況是，它能夠看出機會在哪裡，然後好好把握那個機會。就像擲骰子賭博，運氣好你就是大贏家。命運之輪原型也代表推動事情開始往前進的催化劑。

命運之輪的陰影面是抗拒、「我好命苦」、將困難歸咎於「運氣不好」，沒辦法在機會出現時自己負起責任好好抓住機會。

拒絕隨順因緣前進——簡而言之就是這樣。

11・正義

正義牌作為一種原型，指的是關心所有人的公平與平等。這張牌象徵能夠分辨是非對錯，以及重視人類社會的律法。跟戀人牌一樣，這張牌也代表選擇；無論什麼事情，都選擇做正確的事。為他人權益而奮戰的人，就是靠正義的能量在運作的。是這些人制定了保護社會的法律。

正義的陰影面是無法承擔個人責任或接受過去行為的後果。他們沒辦法自立自強站起來，而是躺在地上哭喊「不公平」，把自己的問題歸咎於他人。另一種情況是，他們會去壓迫別人。不道德、不正當或非法的行為也是正義牌的陰影面。狡詐不老實的律師或貪贓舞弊的法官，都是正義陰影面的實際展現。

12・吊人

有價值的犧牲，為其他人的利益而放棄自己一切所有的人——這就是吊人原型。這張牌也象徵耐性和信念。那是一種內在知曉和信賴，知道自己放棄的東西會以更好的方式回來。能夠從不同角度看事情，也是屬於吊人牌的能量。

吊人的陰影面是受難烈士、殉道者。這類人會做出不必要的犧牲，無法信賴宇宙，或無法順其自然。主宰他們人生的不是信念，而是懷疑。你是否曾經內心充滿懷疑以致看不見身邊的奇蹟？如果你有過這樣的經驗，你就知道何謂吊人的陰影面。

13・死神

死神是變革的推動者。這個原型代表事情即將發生轉變，也意味著清除老舊和過時的東西，為新事物開路。結束與嶄新的開始是這張牌的另一種含義。讓事情順利進行，或是清理出一條道路給那些想要帶來改變的人。改變即將到來，這張牌會讓它發生。

死神牌的陰影面是害怕改變、缺乏活力、執著於老舊做法，以致你看不見新的東西。你對自己的生活形態很執著，不希望有任何改變。或是對那些為社會帶來必要變革的人，你感到很生氣，因為你擔心自己跟不上大家的腳步——或是要負責收拾殘局。

14・節制

節制牌原型是煉金術士，能夠把鉛變成黃金，把水變成酒。調節與平衡使我們歸於中心。忍耐是節制牌的美德。有辦法心平氣和、巧妙調和各種事物的能力是一種天賦。運用策略手腕、願意聽取各方意見，是節制原型的具體行動。

節制牌的陰影面是失去平衡、過度放縱以及缺乏耐性。無論什麼事情，只要過頭了，就代表你正在使用這張牌的陰影能量。此外，心胸狹窄、不寬容、不願聆聽另一種觀點的聲音，也是節制牌陰影的另一種表現。

15・惡魔

惡魔牌就是陰影牌的極致！它是一種黑暗和壓抑的能量。但是，當我們直接面對那些黑暗之處，並意識那條鎖鏈是鬆的，力量就來了——我們可以將那條鎖鏈移除。簡而言之：為自己負起責任、承認自己犯下的錯誤，我們可以用這個角度來使用這張牌。

這個極其陰暗的傢伙，他的陰影面就是物質主義、壓迫、成癮、受害者心態、虐待、仇恨，以及恐懼。想要保有一切掌控權，強迫別人屈從於你的意志，不斷囤積財富，這是惡魔牌陰影的實際表現。

16・高塔

高塔是催化劑、是推土機，它摧毀舊事物，開闢新的空間。跟死神牌一樣，這張牌也意味著改變，但這張牌的能量已經進入實際變革階段。這張牌充斥著混亂能量，但你也可以說它是成長的門戶。事情已經來到緊要關頭，牆壁已經倒塌了。新的秩序正從那裡興起。

高塔牌的陰影面是抵抗、固守舊有模式、憤怒或壓抑感。當有人拒絕為所有人的利益放棄自己的權益時，就會發生血腥革命。「叫他們吃蛋糕啊」（譯注：Let them eat cake，類似「何不食肉糜」，意指不知民間疾苦、事不關己的冷漠心態），法蘭西王國的瑪麗皇后（Marie Antoinette）這句話，就是高塔牌陰影的一個實例。腐敗的權力最終必然走向血腥結局。

17・星星

星星牌的那位少女象徵著希望和療癒，因此這個原型代表的就是療癒者或光明使者。經歷過惡魔和高塔牌的極致黑暗之後，星星牌提醒我們，世界是美好的，人有理由生存下去。靈感和轉變是這張牌的積極含義。那些讓我們有理由相信美好事物的人，就是星星牌的光明面。

星星牌的陰影面是絕望感以及與現實脫節。不願探究事實真相的盲目樂觀，其實也是一種逃避。那是把頭埋在沙子裡，什麼東西也不看，什麼事也不做。星星的陰影不但沒有帶給人鼓舞，甚至還失去了自己的光芒，讓自己身陷黑暗之中。一個始終垂頭喪氣的人，就是星星陰影的展現。

18・月亮

作為一種原型，月亮象徵變化和本能直覺。當世界變得黑暗，眼前什麼都看不見，但我們依然可以用自己內在的光來引導自己前進，這就是月亮牌的能量。人生道路上必然會遭遇險境，但我們絕不能因此放棄或屈服於恐懼。我們必須在黑暗中尋找光明，而這必須要從轉向自身內在開始。向內看，事實就會揭露。這張牌看起來帶有一種神祕感，這也是告訴我們，生命有時候並非表面上看到的那樣。

月亮牌的陰影面是懷疑、焦慮、看不清真相，以及因恐懼而退縮。因為世界看起來太可怕，所以寧願留在自己的舒適圈，這意味著必要的工作無法完成。

19・太陽

這張充滿陽光的牌提醒我們，生命是美好的、是值得我們來此一遭的。這張牌的原型是快樂的小孩子，無論他們走到哪裡，都能散播快樂。他們很頑皮，而且富有創造力，能夠激勵別人，讓他們有好心情。跟星星牌一樣，太陽牌也是希望的象徵，它告訴我們，事情終究會再次展露光明。這張牌攜帶著內在小孩的能量以及重生的力量。熱情和成功也是太陽牌的特徵。

太陽的陰影面是拒絕看到歡樂、負面消極、無法找到幸福，以及失去孩子般的好奇心。當你忽視你的內在小孩，你無法允許自己充分發揮太陽的能量。

20・審判

時間到了，真相終於揭露。審判牌代表一個覺醒時刻，事實已經顯露。更高的召喚已經清楚顯現，既然你已受到召喚，就必須跟從。轉變即將發生：丟掉舊東西，迎接嶄新的開始。原諒過去，迎接新生。向上揚升！

審判牌的陰影面是挑剔心態、糟糕的決定、靈性脫節，以及拒絕回應召喚。那些很快就對別人下評斷，卻看不到自己過錯的人，就是審判牌陰影的作為。

21・世界

世界牌標誌著一段旅程的結束，或是靈性旅程來到完滿境界。與世界合一，與普世大愛合一。在這樣的狀態中，對一切皆無抗拒，來者皆受歡迎，內在和諧而且很安心。人生的一個篇章已經結束，另一支舞蹈即將開始。完美與平靜終於來臨。這是圓滿合一之境。萬物都已回到本家。

世界牌的陰影面是停滯不前。舊事無法結束，事情全部懸在半空中。已經著手進行的事情無法順利完結或打開新的可能局面，都是屬於這張牌的陰影面，就像陷在一個慣性循環中，問題不斷重複發生。有時候，我們需要進入塵世，但不要全部都栽進去。

22・愚人

愚人無憂無慮地跳入生命經驗中。他天真無邪，但他的背包和手杖顯示他並非毫無人生經驗。這張牌代表我們珍惜自己的純真個性，因為它讓我們能夠以完全敞開的態度來過生活，面對任何可能的冒險。愚人原型象徵好奇心、不羈的行動、嶄新的開始，以及探索未知領域。

愚人牌的陰影面是無知、魯莽的行為、恐懼、不信任、缺乏專注力、退縮，或盲目步入危險。就像古語說的：「天使未敢涉足之地，愚人魯莽往裡面衝」。

塔羅原型的實際運用

接下來，我們會從正向肯定語、光明面和陰影面關鍵詞，以及你可以採取的相應行動，來介紹這二十二個塔羅原型。然後我們會介紹個人流年牌，了解我們人生中每一年有哪些能量在運作。藉由將生日塔羅原型牌與個人流年牌相結合，你就能知道自己該如何活出對自己有意義的人生。因為究極而言，一切都跟「覺知」有關。你愈了解自己的真實本性和你身邊周圍的能量，你就愈能夠健康、真心真意地活在當下。

用生日牌作為指引肯定語

生日塔羅牌就像一張星盤圖，我們可從中看到自己可能會以什麼樣獨特方式活在世界上。每一張生日牌都附有一句指引肯定語，那句話就是這張牌的最精要訊息。將這個精要訊息融入你的日常生活，可以點燃你內心的生命火焰，啟動你的內在羅盤，為你指出正確的人生方向。你可以用這句指引肯定語來重寫潛意識裡的內在對話，開啟你生命本具的能量磁力，展現你的生命力量和自主權。

- **觀察這句肯定語跟你是否有共鳴**。每一句肯定語都是一帖能量處方，目的在於讓你跟自己的目標保持頻率一致，這樣你才能不斷成長，在生命的自然流動中展現真正的自己。有時這些肯定語也可能跟你的核心信念相違背。如果有這種情況，請打開你的好奇心。問自己，為什麼這個新的思維和新的感受模式讓你覺得很有挑戰。無論任何時候，你都有力量、有自主權可以重寫你的內在敘述。試著改變你的視角，深入去體會，然後允許新的事物發生。如果這句肯定語跟你有強烈共鳴，也可問自己，如何更深入理解它。你如何讓它成為你日常生活的指路明燈？
- **寫下有關這句肯定語的心得筆記**。讓肯定語為你打開新的思維、感受、視野以及信念。寫下你對這句肯定語的想法。這句話讓你想到什麼？你之前的人生中是否有過這樣的目標？如何讓自己進入這個新的生命之流？
- **把肯定語寫在看得到的地方**。用清晰、粗大、吸睛的字體把肯定語寫在紙上。放在你每天都能看到的地方。比如你的梳妝台上、車子裡、辦公桌上都各放一份。我喜歡用鮮明顏色的口紅或粉筆，把肯定語寫在鏡子上，這樣我每次看鏡子的時候都能讀到它。不用費力就能看到。你也可以在手機上設定行事曆提醒，這樣一整天都會有訊息跳出來！

- **重複念誦肯定語**。不斷重複念誦，是讓你的能量跟你的意圖保持頻率一致的有效方法；只有意圖而無行動，不會有結果。每天早晚都要複誦這句肯定語十次。當你發現自己在抗拒或覺得有點卡住，就複誦肯定語，讓自己回歸中心。
- **寫下新的肯定語**。用你的生日牌肯定語當作切入點來實現你的個人目標。然後藉由提問來深入那句肯定語的內涵。要如何將它帶入你的生活呢？你該如何轉向和改變呢？哪些支持性想法和信念可以幫助你更快地實現目標？以行動作為一種催化劑，讓自己做出更大、更高層次的改變。請牢記：意圖＋行動＝結果！
- **對自己仁慈**。**不必急著衝到終點線**。你生命中的每一刻都會有新的經驗和可能性出現。你的人生道路和目標會隨之不斷發展成形。慢慢來，幫你的好奇心留一個空間。

如何實際付諸行動

當你接受自己的陰影，並開始藉由指引肯定語來進行自我療癒，你可能會感覺自己充滿力量，而且會想要去鼓舞別人！確實，自己得到力量固然很好，但如果能將這股力量帶給別人，意義更為重大。如果你曾經有創造改變的經驗，這件事做起來應該會很順手。

但如果沒有這類經驗呢？你想為社會帶來改變，但不確定該如何發揮自己的功用，那怎麼辦？擔任領導者或推動者的角色聽起來好像很困難，其實未必如此。每一張生日牌都提出一種行動建議，你不妨嘗試看看。這些行動建議可以給你一個概念，告訴你如何利用自己的原型能量在社會上發揮功能。

舉例來說，如果你是魔術師，可能很適合擔任社群領導者角色；如果是女祭司，你可能會比較喜歡從事政治活動的幕後工作。女皇可能比較會去關注年輕人的需求，而皇帝可能想創辦一個非營利組織或參與公職選舉。

請記得，這些都只是建議性質。人有各式各樣，每個人的能力、人生安排、健康狀況或財務狀況都不相同。如果這些建議都沒有引起你的共鳴，就試著去找出對你的生日牌和人生有意義的事情。用你覺得對的方式，做你自己。

1
魔術師

✦

肯定語：「我創造我的現實。」

光明面：技能、意志力、顯化願望的能力、專注力、掌握自己的力量

陰影面：詭計多端、濫用力量、缺乏專注力

行動：在你的社群中擔任領導角色；勇於面對惡霸；炒熱氣氛！

2
女祭司

✦

肯定語：「我跟隨我的直覺。」

光明面：直覺、敏銳、陰性能量

陰影面：被動、臆測、無法相信直覺

行動：幕後工作，可能參與政治活動；分享你的智慧；捐贈資源。

3
女皇

✦

肯定語：「我是富足的。」

光明面：照顧滋養、關懷、創造

陰影面：令人感到窒息、需索、忽視個人需求

行動：照顧你的族群共同體；參與「大哥／大姐」協會活動；成為年輕世代的支持者或導師。

4
皇帝

✦

肯定語：「我能夠掌握自己的人生。」

光明面：有紀律、穩定、控制、權威

陰影面：控制狂、支配、缺乏同理心、強迫

行動：競選公職；創立非營利組織；帶領一項慈善活動。

5
教皇

肯定語：「我有無盡智慧的支持。」

光明面：靈性、導師、老師

陰影面：拘謹、僵化、教條、盲目的信仰、從眾、不寬容

行動：捐贈東西給慈善機構；擔任指導的角色；教導其他人。

6
戀人

肯定語：「我輕鬆地做出有利於我之福祉的選擇。」

光明面：浪漫、善於溝通、做出健康的選擇

陰影面：優柔寡斷、無法抗拒誘惑、放縱、不忠誠

行動：將眾人聚在一起；傾聽對方的意見；調解社群共同體中的衝突。

7
戰車

肯定語：「我有清晰的方向感。」

光明面：意志力、方向清晰、負責任

陰影面：缺乏自制力或試圖掌控所有事情、沒有方向、誤用攻擊力

行動：抗議；發起一項政治活動；在你能夠出力的事情上領導眾人。

8
力量

肯定語：「我以同理心而非武力來解決衝突。」

光明面：堅強、有耐性、能夠優雅地處理衝突和考驗

陰影面：專橫、缺乏勇氣、軟弱、自我傾向

行動：對固執己見的人提出質疑；勇敢面對惡霸；照顧被排擠的人；為受壓迫者發聲；讓眾人倚靠你。

9
隱士

肯定語：「我尊重自己有內省的需要。」

光明面：有智慧、探尋自己的內在智慧、反思內省

陰影面：無法獨處、與內在指引脫節、依賴一位上師、害怕人群、無法從錯誤中學習

行動：盡可能多了解目前時事——尋找知識智慧；把你知道的教給別人。

10
命運之輪

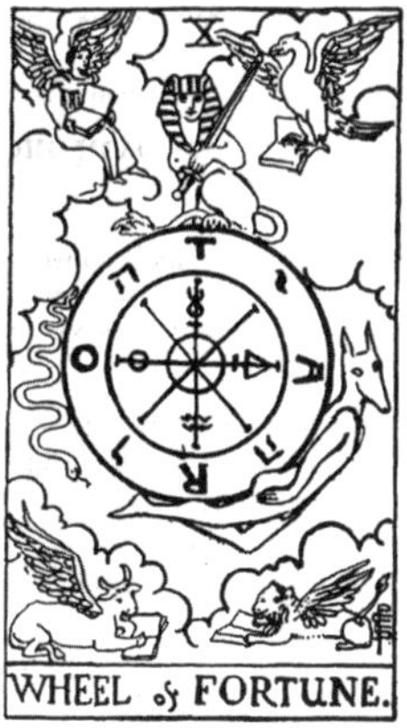

肯定語：「我隨順宇宙之流而行動。」

光明面：辨識機會、推動變革的人、順應生命之流

陰影面：抗拒改變、悲觀心態、歸咎於命運或運氣不好

行動：發起一個社會運動；參與一項社會運動；為你的族群共同體發起一項重大變革。

11
正義

肯定語：「我以正直和智慧領導眾人。」

光明面：公平、公正、做出正確決定、正直、平衡

陰影面：無法負起個人責任、無法接受行為後果、認為生命不公平、缺乏正直之心

行動：要求正義；向你的政府提出請願；跟你所在地區議員聯繫；教育人們認識不公義之事；參與爭取公民權利和人權的活動。

12
吊人

肯定語：「我擁有靈活的視角。」

光明面：能夠放手、以不同角度看待人事物、順其自然

陰影面：焦慮煩惱、不必要的犧牲、無法放下和信賴宇宙安排

行動：與觀點截然不同的人相處，以獲得新洞察；試著看事情的另一面；為別人放棄自己的某些東西；捐出時間或金錢。

13
死神

✦

肯定語：「我尊重改變的過程。」

光明面：創造並歡迎改變、願意放手、對可能性保持開放態度

陰影面：害怕改變、缺乏活力、執著過去、無法放手

行動：成為變革的推動者；對舊模式提出質疑；發起新的運動；倡導變革。

14
節制

✦

肯定語：「我處在平衡狀態。」

光明面：平衡、有耐性、溫和

陰影面：覺得失去平衡、無法節制、過度放縱、成癮

行動：參加和平運動；遊行；調解衝突。

15
惡魔

肯定語：「我從陰影學習功課。」

光明面：認識問題並承擔個人責任、面對陰影

陰影面：上癮症、被恐懼束縛、權力議題、受害者心態、責怪別人、感覺被困住

行動：面對自己的偏見，從內在開始改變；發起請願要求企業不得捐贈政治獻金；對現在的執政者提出質疑和問題。

16
高塔

肯定語：「我的根基很穩固。」

光明面：革命、解脫、有能力拆毀之後重建

陰影面：害怕改變、抗拒、驚慌失措、壓抑憤怒

行動：發起一場革命；示威；遊行；對暴力和不公不義之事提出質疑；要求政客負起責任；勇於對抗大公司企業。

17
星星

✦

肯定語：「我受恩典保佑。」

光明面：希望、靈感、療癒、轉化、正向積極

陰影面：盲目樂觀、失去平衡、絕望感、與現實脫節

行動：散播希望的訊息；促進和平；成為別人的光。

18
月亮

✦

肯定語：「每件事情我都尊重自己的感受。」

光明面：強烈直覺、應對棘手情況、碰觸真實感受、正視陰影

陰影面：懷疑、困惑、無法看穿迷霧、抗拒陰影

行動：從事政治或公益事業的幕後工作；對假訊息提出質疑；揭露真相。

19
太陽

肯定語：「我擁有各種形式的豐盛。」

光明面：快樂、富足、成功、童心、創造力、內在小孩

陰影面：忽視內在小孩、缺乏歡樂、拒絕看到快樂、負面消極、缺乏創造力

行動：關注兒童的需求；散播樂觀心態；透過公益事業分享你的財富。

20
審判

肯定語：「我清楚意識自己的更高使命。」

光明面：做出正確決定、跟隨更高層次的召喚、良好的批判能力、重生＋轉化

陰影面：對他人和自己過度批評、錯誤判斷、與靈性脫節、拒絕回應更高層次的召喚

行動：在你能出力的地方做一名先驅；以榜樣楷模鼓舞別人；傳一則簡訊給你的議員；大聲說出你的意見！

21
世界

✦

肯定語：「我歸於中心。」

光明面：成功、圓滿、一個循環的完成、與世界合而為一

陰影面：無法完成一段人生篇章、緊抓過去不放、被外在問題惹怒、目光短淺

行動：張開眼睛看世界；接受不同文化進入你生命；參與全球性的工作；關懷地球母親和氣候變遷議題。

22 (0)
愚人

✦

肯定語：「我信賴宇宙的安排。」

光明面：好奇心、行動不受羈束、選擇相信、探索未知領域

陰影面：行為魯莽、涉足險境、缺乏專注力、無法信賴

行動：認識世界的多樣性；走出你的舒適圈；接受教育。

流年牌的運用

我們的能量每一年都在變化。年輪始終不停轉動。生命總是為我們帶來新的禮物和挑戰，幫助我們不斷成長。沒有什麼是永遠不變的——包括我們自己。

我們必須學會應對人生的各種變化，運用自己的優勢和智慧，用符合我們更高指引、對我們最有意義的方式不斷往前邁進。每一個人都會用自己獨特的方式對人生中發生的事情做出反應。

如果你知道這一年的能量運行狀況，就能去面對問題，讓那個禮物變得更有意義。

每一年，都會有一張不同的大阿爾克那牌在影響你的能量。算出這張牌，就能知道你這一年要面對的主要議題是什麼，也會知道如何應對。

算出你的流年牌

把你的出生月份和日期加上現在的年份。如果得到的數字大於22，就再加一次，讓最後的數字降到介於1到22之間。

例如：你的出生日期是7月23日，你想算2019年的流年牌：7＋2＋3＋2＋0＋1＋9＝24。因為24大於22，所以要再加一次：2＋4＝6。

得到六號戀人牌，代表你這一年主要受這張牌的能量影響。

有些數字會得到兩張牌，你可以自己決定哪一張牌的能量跟你的流年比較吻合。舉例來說，如果你算出的數字是13，你可以直接用13號死神牌，也可以1和3再相加一次變成4號皇帝牌。

因為不可能會出現數字「0」，因此我們把愚人牌的數字設定為22。

每一張流年牌的說明都包含了光明面和陰影面，以及一句正向肯定語。這些都只是建議性質。隨著這一年的時間慢慢展開，你也會看到這張牌的能量以何種方式在你生命中展現。

你可能會問：流年是要從生日那天開始算？還是從每一年的年初起算？兩種都可以，你覺得哪一種對你來說比較合理，就選擇那種算法。有些人發現從年初開始算可看出這一年的生命基調，有些人則認為用生日比較準確。不妨自行實驗，看看哪一種你覺得比較有感。

1 ✦ 魔術師

肯定語：「我是力量強大的存有。」

光明面：今年是你大大展現個人力量的一年。真實魔法會在你生活中發生。用設定意圖來開啟這新的一年。想要擁有什麼東西、想做什麼事、想成為什麼樣的人？把你的意圖清楚表達出來，然後接下來一整年都專注在這個目標上，直到你看見目標實現。今年也是非常適合培養自身技能的一年。參加課程，尋找你的生命導師，精進你的修練內容。愈是磨練你的才能，你就會愈加熟練。今年也是你可以大膽發出聲音的一年。如果你有什麼話想說，就大膽表達出來。堅定掌握自己的力量，帶著自信往前進。

陰影面：你可能會用走捷徑的方式來得到想要的東西，不是濫用你的權勢力量、就是拒絕接受這股力量，你可能會選擇耍權謀而不是腳踏實地工作，缺乏專注力，害怕挺身發聲或出鋒頭。

2 ✦ 女祭司

肯定語：「我的直覺給予我正確完美的引導。」

光明面：這一整年你都擁有準確直覺。這使你在做決定時具有優勢。採取行動之前，請向自己的心尋求智慧建言。它絕不會給你錯誤意見。如果你之前不習慣使用直覺，今年可能是一個大好機會，你會透過實際驗證開始聆聽你的直覺。你需要的一切知識都已經在你自己身上；不需要向外去尋求他人的建議。要向內看。今年可能會有很多人找你傾吐心聲。你一直都是口風很緊的人，而且能夠給出明智建言，所以這沒什麼好奇怪的。你能夠看穿事情的真相而且善體人意，既有智慧又有慈悲心，這是上天給你的禮物。

陰影面：隱藏、心懷恐懼、因感到羞恥而隱瞞不說、被動、在應該投入的時候不願意挺身投入、拒絕聽從自己的正確直覺。

3 ✦ 女皇

肯定語：「我照顧自己和需要我的人。」

光明面：在女皇流年，你可能會發現自己正在扮演照顧別人的角色。可能是你的家人、朋友，也可能是工作場合中的人。要照顧別人，但務必也要把自己照顧好。女皇是一張感官享樂牌，會為這一年帶來各種感官饗宴。你可能會沉迷於能夠帶給你感官歡愉的事情。身邊都是美麗和物質享受之物。一整年你都會有滿滿的創意。按照那些點子想法來做事，或許能誕生出美麗的東西。最後，如果你願意把這股能量用在工作上，很多事情都可以完成。只要你主動出擊，就能得到成果，今年下半年之後就會大豐收。

陰影面：把別人的需求放在自己的需求之上，扮演受難烈士（殉道者）角色，因為過度放縱導致體重增加或資源耗盡，懶惰，可能變成什麼事都要插一手的媽媽。

4 ✦ 皇帝

肯定語：「我願意為我的人生負起全責。」

光明面：今年是你掌握權力的一年。好好提升自己。帶頭走在前面。成為權威，即使只是你個人生命的權威。今年你需要自我鞭策。你有能力建立堅實的基礎。只要願意付出心力，馬上就能看到成果。你很有可能得到大家的認可，因此不要害怕出鋒頭，把事情承擔下來。很多人很看好你、對你有所期待。盡你所能，帶給別人安全感或鼓舞。這張牌的能量是屬於父親的能量，這表示跟規則和保護有關的能量正在強烈振動。若想要制定人人都能遵守的規則，現在是非常好的時機。你是老闆，你說了算！

陰影面：無法負起責任、專橫霸道、支配他人、冷漠不敏感、強迫控制的作為、反抗規則。

5 ✦ 教皇

肯定語：「我將我所知道的教給別人。」

光明面：教皇是靈性權威、精神導師，這代表你今年會想要反思自己的靈性道路。是什麼信仰在支撐你？你是否擁有某個特定信仰，或是想要創建自己的教義？今年是你發展自己哲學思想的一年。尋找一位導師。向一位你信賴的精神導師學習，對他提出關於「生命意義」的大哉問。你可能還會發現，也有人想要跟你學習。分享你的智慧，並且要相信，你自己身上就有答案。今年也適合任何類型的學習。無論是要回到校園讀書，或只是培養一項自己的新技能，把焦點放在學習上，你會受益匪淺。

陰影面：心胸狹窄不寬容、偏執、把自己的力量全部交給大師、違抗現狀、心態僵化、向「權力者」低頭。

6 ✦ 戀人

肯定語：「我的選擇皆以愛為基礎。」

光明面：戀人流年的主要議題是關係——而且不限於愛情關係。今年是你審視生活中所有關係的一年。你的人際關係健康嗎？你需要改善跟人之間的溝通方式嗎？你付出的與得到的相等嗎？反思你在人際關係中的表現，以及別人對這段關係的回應。盡可能找到折衷調和。在某些事情上，你可能需要設定人際界限。也可能會有新的人際規則需要去協調。你愈有意願改善自己的人際關係，你跟人之間的關係就會愈好。今年也會有談戀愛的機會。如果你一直都是單身，那麼戀人流年有望出現合適的伴侶。當然，要從愛自己開始。當你能夠真正愛自己，就能打開生命的大門，讓對的人進來。戀人牌也代表重大選擇。這一年你做出的決定可能會對你產生深遠影響。遇到重大選擇時，請仔細考慮每一種選項可能產生的影響。要帶著覺察和愛去選擇。

陰影面：溝通障礙、人際邊界問題、自私自利、感覺孤單、討厭自己、允許別人虐待你、做出錯誤選擇。

7 ✦ 戰車

肯定語：「我掌握自己的命運。」

光明面：戰車象徵意志力和前進。在戰車流年，控制權牢牢掌握在你手中。你想要去哪裡？你最大的目標是什麼？放眼未來，前進、前進、前進。你可以在你決定從事的任何事情上取得大幅進展。就算遇到困難，你也會換一條路，然後抵達目標。你可能會有旅行的需要。請盡情享受你對流浪的渴望。如果你正在考慮搬家或轉換跑道，那就儘管去執行，不會遇到太多問題。請記得：坐在駕駛座上的人是你。如果你希望有一個不一樣的未來，你可以在今年做出新的選擇。今年也是非常適合你練習掌握個人力量的一年。如果有人試圖操縱你，你要堅定挺住。穿上你的戰甲，掌握好你的方向。現在沒什麼能夠打敗你！

陰影面：放棄控制權、掌控他人、缺乏方向、想把力量交給別人而不是自己負起責任、不願意面對眼前的挑戰。

8 ✦ 力量

肯定語：「我有辦法應付生活中遇到的任何事情。」

光明面：力量流年會為你帶來考驗，但如果你信賴自己的內在力量，就能優雅應對這些挑戰。有時你可能需要用盡全部力氣才應付得來，但你知道你終將獲得勝利。關鍵是不要放棄。你必須以溫柔而堅定的意志堅持下去，直到問題得到解決。力量牌也代表你內心的掙扎和糾結。你自己就是問題的根源嗎？如果是，那現在你必須突破自己，才可能有成功的機會。向內看，看看你給自己設下了什麼阻礙把自己絆倒。看清楚後，盡你所能重新拿回事情的掌控權。這一年可以為你帶來極大療癒和勝利成果，但首先你必須知道自己失敗或成功的原因，重新整備自己，然後取回掌控權。今年，可能有人會需要你的協助。你確實有能力幫助別人。從某方面來說，幫助別人可能也是在幫助你自己。要勇敢，全心全力投入你想做的事情。你可能會很驚訝發現，只要你善加運用這些特質，就能看清楚事情並獲得成功。

陰影面：強迫別人做某些事、支配他人、半途放棄、讓你的動物本能居主導地位、製造不必要的誇張戲碼、霸凌別人。

9 ✦ 隱士

肯定語：「我是有智慧的人。」

光明面：隱士流年適合內省。在這一年，你需要關注自己的內在，而不是向外看。因此，你可能必須暫時先退出某些活動。也可能會發生某些事情，讓你有更多獨處時間。一個人獨處對你有好處，請好好把握。這一年你要學會喜歡獨處，自己陪伴自己。最重要的是，檢視你的人生。你對自己現在走的這條路滿意嗎？如果不滿意，請透過自我沉思或跟你信賴的老師一起尋找答案。這一年，你需要往內反思，而不是向外行動。不要催促自己。儘量找時間休息，養足精神。明年可能會有驚人的變化。趁著今年為自己做好準備。

陰影面：害怕獨處、離群索居、忽視自己的內在智慧、無法從過去學到功課、因為拒絕找出原因而不斷重複過去的錯誤。

10 ✦ 命運之輪

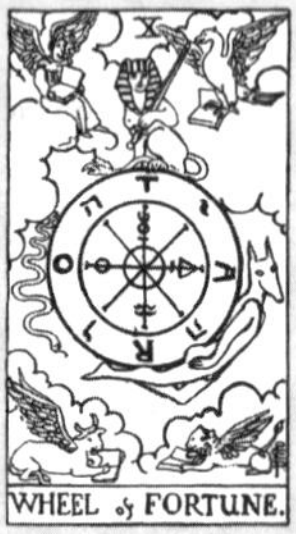

肯定語：「人生的每一個變化都把我推往正確方向。」

光明面：今年將是關鍵的一年，請做好準備！事情即將有所變化。球已經開始轉動，事情正在按其應有的方式運轉。能量已經啟動，你必須信賴宇宙會引導你往正確方向前進。這一年發生的某些事情，會讓人覺得似乎是命中注定。可能有更大的力量在背後運作。事情可能有起有落，如果你對變化抱持開放心態，就算最棘手的情況你也能應付自如。幸運女神可能會給你一些有趣的機會。你該接受嗎？當然！或許事實會證明你確實好運。在這一年，你有時會像坐雲霄飛車忽上忽下，有時則是靠機運度過難關。就像擲骰子，你還是有贏的機會！

陰影面：覺得缺乏控制權、失去動力、事情往不好的方向發展、做出愚蠢決定、承擔無謂的風險、抗拒改變、將自己不好的運氣歸咎於他人。

11 ✦ 正義

肯定語：「我做正確的事。」

光明面：如果流年牌是正義牌，代表事情正在以業力法則進行平衡。過去所做的決定，現在將會嘗到後果。種瓜得瓜，種豆得豆。要知道，無論你生命中發生什麼事情，都是公平、公正的。請為你過去的決定負起責任，若有必要，請改正你的做法。同時，也要在這一年好好檢視你所面對的選擇，因為你現在做出的決定，可能會左右你未來命運的好壞。在今年，你需要具備極大的耐心、責任感和覺察力。如果你能展現這些心性品質，事情就會朝著對你有利的方向發展。正義牌有時也代表法律方面的問題。如果你正在處理任何跟法律有關的事情，請務必謹慎行之。仔細審視所有細節，如果你自己無法搞定，請找律師幫忙。

陰影面：無法負責任、將問題歸咎於他人、行事不公正、違法行為、決策失誤、缺乏正直誠信。

12 ✦ 吊人

肯定語：「我放手並信賴宇宙。」

光明面：吊人流年是凡事艱難的一年，但如果你好好去體會，你會獲得全新的視角。在這一年，你需要學習放下。你必須放手並信賴宇宙的安排。這可能不是那麼容易做到，但一旦你放手，不再想要去掌控一切，事情就會開始往好的方向發展。試著放掉某些事情、生活習慣、人或是信念，對你會有好處。你可能也需要做出一些犧牲；可能需要把別人放在第一位。你也要做好準備，某些事情可能需要比別人看得更清楚、做出更正確的決定。別人可能會有不同做法，但你必須始終保持正直和誠信。吊人也是一張代表懸而未決的牌，這意味著今年很多事情可能會被擱置，不會有什麼動靜。除了耐心等待，大概沒有其他方法。到了年底，你對生命就會有一個全新的看法，而且會跟靈性面有更深的連結。你之前所有的犧牲和放棄，絕對都是值得的。

陰影面：會讓自己變成受難烈士、有被迫害情結、感覺陷入困境、對生命很執著、缺乏信仰。

13 ✦ 死神

肯定語：「我已準備好放棄舊事物，迎接新事物的到來。」

光明面：死神流年將帶來重大變化。舊有和過時的東西將會被清除，重要的是，你要能跟上這個變化的腳步。轉型是可能的，但前提是你要願意放棄過去的執著。你可能會被要求放棄某些你覺得很重要的東西，比如一段交往很久的感情，或是你多年來堅持的某個生活習慣。你必須相信，無論發生什麼事情，都是對你最好的（這絕對是事實）。在這一年，燒掉幾座橋梁，拆掉幾棟老建築，蛻掉幾層皮。告別有毒的關係，跟對你無益的事情說再見。

清理你生活中的每一塊區域，徹底打掃乾淨。到今年結束的時候，你將徹底改頭換面，得到一個簡潔、乾淨、清晰的自己。前方將是新的成長與可能性。

陰影面：害怕改變、抗拒不可避免的事情、執著於不適合你的人事物、固執。

14 ✦ 節制

肯定語：「我正在創造新事物。」

光明面：經歷去年的死神牌之後，節制牌預示著這一年你會以嶄新的方式將碎片重新組合在一起。不妨將這張牌看作一種煉金術：你希望活出什麼樣的人生？過去的哪些生命經歷可以融合到目前的生活中？這是一張帶有創造力與深沉冥想能量的牌——你有機會以符合你生命最高利益的方式重新安排你的人生。這通常是必須經歷劇變和動盪才有可能。這一年，不妨自我審視，你想要留下過去人生中的哪些東西，以及你想要為現在的生活引入哪些新元素。去做實驗。如果你用心對待這個問題，你就能達成完美的調和。今年你可能會做出一些重要決定。請謹慎權衡你的選項。它能符合你想要創造的人生嗎？以此問題幫自己確認哪一個選項最適合你。今年你也可能去旅行或在水域附近度假。這可能是你的靈性修練方式，或單純當作一種靈魂的洗滌。

陰影面：生活失去平衡、優柔寡斷、猶豫不決、做事半途而廢、失去信心、走極端。

15 ✦ 惡魔

肯定語：「我勇敢面對自己的陰影。」

光明面：在惡魔流年，你可能會沉溺於自己的慾望，或是深入探索自己的陰暗面。享樂主義傾向可能會讓你行事變得很極端，比如：暴飲暴食、入不敷出，或是同時擁有多位性伴侶。請好好克制你的誘惑；情慾和貪慾會讓你掉入這張牌的消極面，變成上癮。如果你覺得自己現在有這種傾向，那你必須知道，只有你才能釋放你自己，而且你自己就有擺脫困境所需的方法資源。惡魔流年是最適合療癒陰影的一年。深入探究你的陰影議題——憤怒、恐懼、成癮、執著和控制。去面對自己內在的這些面向，與它們和解，然後突破困境。這張牌也象徵重要的選擇、具有深遠影響的決定；今年你可能會面臨抉擇，到底要選擇你認識的惡魔，還是你不認識的惡魔？請用智慧去選擇。權勢力量議題是這張牌的另一個重點。你如何取得權力或使用權力？權力讓你感到害怕嗎？你是否能夠優雅或自制地運用你的權力？探索你與權力的關係，看看它在你的生活中扮演什麼角色。讓你的權力使用成為一種光源，為所有人帶來光明。

陰影面：憤怒、成癮、壓迫、過度放縱、控制和權力問題、糟糕的決策。

16 ✦ 高塔

肯定語：「我得到釋放。」

光明面：在高塔流年，可以確定你的生活將經歷巨大轉變。這是帶有變革能量的一年，是推倒舊結構、建造新結構的一年。如果有什麼事情在今年結束，那都是為了符合你的最高利益。就算你會感到不安或害怕，你也必須相信這件事。你很可能會經歷許多突破和領悟。但除非先有東西崩解，否則不可能有突破。做好準備，把一些東西徹底剷除，連根拔起。清除掉所有雜物。釋放那些阻礙你的東西。告別過去的陳舊關係。待一切塵埃落定，你就會進入全新狀態。你開始能夠創造你想要的未來。在這一年，你得到的領悟將幫助你確定自己需要什麼。你是自由的，隨時可以重新開始。

陰影面：恐懼、焦慮、混亂、意外事故、失控、暴力、失序狀態。

17 ✦ 星星

肯定語：「我懷抱希望。」

光明面：經歷過毀滅性的高塔流年之後，星星為我們帶回希望。現在你可以看到事情的光明面。樂觀心情重新回歸，更棒的是，一切即將痊癒復原。崩解帶來了新的突破和機會。你內心最深切的願望很可能在今年實現。在年初設定好你的意圖，保持正向積極心態，然後見證奇蹟的發生。其他人可能會把你當成激勵向上的對象。不要害怕發光。讓自己完全投入這個角色。讓自己被看見，成為積極向上者的榜樣。如果說去年感覺像是一場危機，那麼，今年就是深層療癒和充滿鼓舞能量的一年。生活一切皆順遂美好。相信魔法，而且你知道，你想達成的願望今年全部都會實現。

陰影面：失去希望、悲觀、放棄、沉迷幻想、拒絕面對現實、缺乏機會、願望落空。

18 ✦ 月亮

肯定語：「我無所畏懼。」

光明面：月亮牌陰暗而神祕，代表今年事情可能無法清楚明朗。道路光線不夠充足，事物陰暗不明。這時，你需要相信自己的直覺。即使你無法看清楚前方有什麼，你的直覺也會幫助你避開危險。聆聽內心的智慧之聲，你就能精準應對挑戰。害怕和敏感現在同時出現。你可能會被別人的問題惹怒。學習如何不受影響而活在當下，將是你今年要面臨的眾多挑戰之一。人際界限將會受到考驗，你需要時時保持警覺。夢境和直覺現在會特別強烈；留意你收到的訊息，因為裡面蘊藏著很多智慧。月亮流年也可能會帶來不切實際的妄想。事情和人可能並不像表面上看到的那樣。要看穿表象。耐心等待，讓更多事實浮現。慢慢來。很快你就會看到真相。接著，你將能夠快速朝目標前進，也會得到更多智慧。

陰影面：恐懼、虛妄幻想、焦慮、只看見自己想看到的、人際邊界問題、不相信自己的直覺。

19 ✦ 太陽

肯定語：「我的未來一片光明。」

光明面：在太陽流年，你可以輕鬆獲得成功，因為太陽代表一切皆有可能。豐盛、機會和潛力就在眼前，這意味著今年你可以實現夢想中的生活。這是你光芒閃耀、追求所願、樂觀正向的一年。要多看事物陽光的一面。讓快樂成為你每天的常態。跟隨你的喜樂，相信你的夢想。今年在經濟上會有不錯的收入，也會得到名聲，或是迎接孩子出世。新的工作計畫和機會可能會降臨。無論做什麼事情都會成功。幸運之神就在你身邊，生活一切美好。你是今年的天之驕子，因此可預期大多數事情都會如你所願。請保持天真和好奇心。一切都朝正確方向發展。

陰影面：不成熟、行為幼稚、悲觀、冷漠、疲累倦怠、無法把握機會。

20 ‧ 審判

肯定語：「我以完美狀態重生。」

光明面：審判牌意味著一段生命章節的結束。在這一年，某些事情即將面臨終結。一條道路走完，新的道路才能展開。某些事情可能會來到終點，讓你有機會反思過去，然後思考未來可能的新走向。如果你願意擺脫過去，事情就可能畫下句點。沒有必要緊抓著過去——如果你想充分發揮自己的潛能，就必須丟掉過去。你正在經歷某方面的轉變。這一年，你會以全新的觀點看事情。真相和領悟會帶來明晰。在這年結束之前，你會以一種全新的方式看待世界。你已經來到關鍵的十字路口：審視過去人生，然後開始探索新的召喚方向。在這一年，你有機會發現真正的人生使命。或者，你會因為找到勇氣，而拋棄舊習慣、舊有的人際關係，重啟人生的新篇章。在這一年，請相信你自己的判斷力。如果你看到一條新道路，或是看到某個問題，請放心，你的更高指引會幫你做出最佳決定。

陰影面：拒絕召喚、緊抓過去不放、抗拒、批判心態、不願意成長進化。

21 ✦ 世界

肯定語：「我圓滿無缺。」

光明面：世界牌預示著這是成功的一年。某件重要事情會在這一年圓滿完成。也許是完成了一項重要工作計畫，或長期以來努力的目標終於達成。可能跟工作有關，也可能跟個人人生有關的事。世界牌也象徵畢業取得學位；可能是從學校畢業，或完成某項靈性修練。你知道，接下來不管面對任何考驗，你都會拿到好成績，因為你已經從過去幾年的經驗中培養出高超技能。在某方面，你會達成一直渴望的圓滿結果。當你完成目標，就要問自己，接下來要做什麼？在世界流年，環遊世界是一種可能性。如果你想藉由見見世面來拓展你的視野，那麼現在時候已經到了。無論你這一年想做什麼，都可大刀闊斧去做。全世界都在看。最後，不要怕成為眾人矚目的焦點。畢竟，你是靠自己的努力站上了那個位置。

陰影面：失敗、沒有記取重要教訓、模糊不確定、事情懸而未決、未完成的課題、迷茫沒有方向。

22 (0)

✦ 愚人

肯定語：「我已準備好迎接改變。」

光明面：愚人流年為嶄新的開始帶來機會。如果你想要重新開始，現在就是時候。愚人流年適合拋開過去包袱，放下肩上重擔。如果你正考慮搬家，或是考慮做出重大改變，這張牌告訴你：儘管大膽放手去做！稍微冒個險，看看會發生什麼。此時，你需要一顆充滿好奇的心與開放心態。無論你過去多少年積累了多少經驗，在這一年你都需要讓自己回到初學者心態。如果可以的話，多出去旅行。見見世面。到你從未去過的地方，開拓你的視野。

陰影面：愚蠢莽撞、不考慮個人責任、裝瘋賣傻、拒絕做出必要改變、執著於過去。

作業練習

幫目前世界幾位領袖人物算出生日牌原型。
那些原型跟他們本人符合嗎？
你能同時看到這個人的光明面和陰影面？

接下來，算出他們的個人流年。
他們現在是用什麼方式展現在世人面前？
如果你可以給他們建議，那會是什麼？把你的想法寫在筆記上。

推薦閱讀

瑪莉．K．格瑞爾撰寫的《生日塔羅密碼書》（*Who Are You in the Tarot?*），對塔羅生日牌有深入介紹，請參考閱讀。

5

小牌與元素

雖然大牌原型是我們探索內在自我與外部世界的重點，但也不能忽略小牌的元素作用。了解小牌的元素特性，可幫助我們找到具體方法來落實自我探索工作。

什麼是四元素？

四元素代表四種不同的能量和潛能領域。你可以將它們看作是一個循環週期的不同階段。元素能量是滾動的，會從一個元素滾動到另一個元素。你可能會在不同元素能量之間擺盪，或是長時間停留在某個元素能量中，因為它滋養你，讓你感覺處在那樣的能量狀態很自然，或是已經變成你的舒適圈。

元素是一種擬人化象徵、一種能量或／和外部環境狀態，代表某件事情或某個人，或是代表一件事情的發展階段。

了解你的能量是由哪一個元素主導，可以幫助你看到一件事情的進展情況，以及你是用什麼方式在使用你的能量。它會揭露你的專注點和意圖，也會讓你看到行動模式。

塔羅的四個牌組與四種元素能量

- **權杖牌代表火元素：**掌管行動、創造力、能量、潛力、出生、野心企圖、擴展、表現方式、個人魅力。
- **聖杯牌代表水元素：**掌管情緒、感受、愛、人際關係、精微能量世界、記憶、直覺，以及靈性面。
- **寶劍牌代表風元素：**掌管心智頭腦、精神狀態、思想念頭、衝突、溝通、投射，以及強迫性力量。
- **錢幣牌代表土元素：**掌管物質世界、金錢、成就、生涯事業、商業、生計，以及有形物質的顯化。

事物的創造過程

小阿爾克那牌代表創造過程，顯示一件事情的發展、形成、表現和顯化進程。這個過程有很多階段，我們可能處在這個發展過程的某個階段，或同時處在多個階段。當你練習用塔羅牌來進行自我療癒、給予自己力量，你會看到自己目前處在什麼階段，也可以知道自己該採取什麼行動，來成為這個創造過程的參與者。不僅每一張牌擁有自己的獨特能量振動，每一種元素也能提供你不同的魔法行動。

- **潛在力（權杖）**：火元素是最原初的創造力，它存在於有生命的種子核心，代表一種尚未展露出來的潛力。它蘊藏著新生命、起始和起源點的力量。它是待雕塑的抽象黏土。火元素可用來創造和改變我們生活中的某些事情，相關魔法工作包括：焚燒祈願文、點蠟燭或是將物品加熱等。
- **分析力（寶劍）**：風元素提供方向和前進的動力。也可代表理性思維組織。進行的實驗包括：觀察、測試、修正。風元素可用來獲得動力、引導改變方向、淬鍊可能的機會。相關的魔法工作包括：焚燒薰香來改變你周圍的振動能量，運用芳香療法來精煉你的意圖，或是藉由風力將某些東西帶走。
- **靈感力（聖杯）**：水元素是湧動、流動、帶有創意的力量。是意識當中湧現的靈感。它是感官的強烈刺激，帶有感覺和情緒的親密吸引力。它是在子宮裡踢動的新生命。與各種不同的東西連接。水元素可用來深化你的經驗，滋養你的意圖，或是清理生命碎片，相關魔法工作比如：用藥草和植物油沐浴，喝茶和飲料，或是製作能量水來幫助顯化願望。

- **顯化力（錢幣）**：土元素能使潛力化為具體。將事物從無形變成有形。它也是你手中掌握的勞動成果。土元素能將抽象能量慢慢轉成靈感，然後化為行動，最後變成真實的生命。土元素可用來鞏固你的意圖和顯化願望，相關魔法工作例如：手寫符咒與護身符，用許願過的種子來栽種植物，或是利用水晶作為藥石進行自我療癒。

✦我們的生命花園✦

薩欣的祖母與大地和土元素有很強的連結：

”當我在思考這四元素時，我想起童年時候跟祖母一起照顧花園的情景。冬季的冷冽將覆蓋大地，令大地失去生機。我祖母經常站在溫暖的窗邊俯瞰她的花園，夢想和計畫著來年春天要種植什麼花朵、水果和蔬菜。

春天來臨時，她開始整理和翻動土壤，讓肥沃的泥土露出，然後種下她的願望。她會將前一年收集在罐子裡的每一顆種子，都細心埋進土裡，仔細用土覆蓋。溫暖的陽光和水分滋養著幼苗，她每天用心照料，直到所有種子都發芽、抽葉和開花，各種顏色的花朵如彩虹般漂浮在綠色海洋上。

夏天和秋天是豐收的季節。她會把蔬菜裝進罐子裡，將香甜的水果做成冷凍果乾，把花朵做成乾燥花，然後收集來年要用的種子。

在這一年即將結束時，她會讓她的花園休息，細心看顧，這樣來年就可展開新一輪的種植。對園藝的熱愛就是她的藝術、她的生活方式，以及她對出生、死亡和重生過程的一種冥想。顯然，這四個元素在我祖母的花園裡和諧地運作著。她的生日牌是戀人牌。

如果你把你的生命想像成一座花園，就會開始看到那股無時無刻不存在的根本生命力，以及你自己開展出來的各個生命階段。

如果你能去拓展日常生活中的神聖時刻，並留意你的能量起伏，就會重新認識到你本身具有的強大力量。你的欲望花園時時刻刻都種滿了意圖的種子。無論你是否意識到，你時時刻刻都在孕育著由你的每一個意念、想法、感覺和信念所創造出來的種子。

四元素能夠教導我們如何活在當下，與我們內在本具的力量連結。你的意圖和行動時時刻刻影響你的能量投注方向。

任何時候你都可以問自己：

哪些事情讓我得到滋養？
哪些事情在消耗我的能量？

✦火。權杖牌。靈性。靈感。潛能。✦

火可以剷除、驅散、點燃意圖。

權杖牌是火元素的具體展現。權杖牌透過行動和意圖來傳送和引導力量。火是一種積極活躍的能量，是原始、熾熱潛力的爆發。火是鍛鍊、塑造和轉化的原初創造力，它以靈光一閃的靈感形式出現，喚醒你內在自我的每一個面向，然後沉潛進入你的覺知意識中。

當你透過權杖牌來探索火元素的國度，你就等於進入了推動我們生命前進的原始力量。火有時也被稱為生命火花——種子殼內的隱藏之力，就像權杖王牌所描繪的那樣。它內部含藏著孕育新生命的力量，預示著一種新的存在方式即將誕生。另一種情況是，可能因為火燃燒太過激烈、產生過多煤炭，導致極度疲累，像權杖十那樣。

燃一根蠟燭，看著火焰在燈芯上搖擺、跳躍、舞動。感受溫暖的光線帶著一股生成之力，布滿整個房間和你的心。讓自己在這火光下取暖，沐浴在溫和的光線裡。在那閃爍的火焰當中，冷冽的悲傷會被融化，重新燃起你內心的深切渴望。

試著想像蠟燭翻倒的情景。火會迅速燃燒，吞噬你看到的所有東西。火也具有難以駕馭、不可預測的特性。也因此，火可以驅散陰暗、清理發育不全或殘渣之物。

你也是一根蠟燭，可以被火之力量點燃。無論我們的力量是在哪一方面，或是我們如何利用火的潛能，事實就是，我們本身是強大的、有能力的，甚至具有破壞力。

當權杖牌出現，請留意創造能量的流動。你已經來到成熟階段，潛力十足，可準備採取行動了。火元素能量會讓你精神煥發、活力十足。什麼靈感火花被點燃了？頭腦和直覺迸出什麼新點子？你被催促要採取什麼行動？你生命中有哪些殘渣碎料可以轉化成沃土讓新生命生長？你即將開始參與什麼活動？

要使用火能量，可以點一根蠟燭，專心注視閃耀的火焰，對著它許願，說出你的願望。你的意圖就會被拉到你的精神火焰裡面。如果你是需要平息火能量或清除舊事物，首先，把你覺得有壓力的事情寫下來，或是列出一張清單，也可以寫成一封信。然後把這張紙燒掉，釋放被壓抑的能量，然後靜下心來，對著灰燼沉思冥想。

✦水。聖杯牌。情緒感受。直覺。靈感。孕育。✦

水可以淨化、洗滌、滋養和喚醒你的心。

聖杯牌是水之特性的展現。水具有淨化、釋放、滋養、喚醒的功能。水能滋養我們的意圖幼苗。我們內在深處的創傷和情緒會在我們的生命伏流底下脈動，直到它們找到裂縫，然後湧出表層、氾濫成災。水會自由流動，找尋阻力最小的路徑，開啟心靈洞穴，餵養愛、欲望和幻想的通道。

聖杯可承載我們不斷變動的情緒，凝視其表象，你就能藉由它深入內在心靈智慧，就像那位陷入沉思的聖杯皇后。但有時候，你也可能迷失在失控的想像中，陷入恐懼和幻想，就像聖杯七的那位黑影人一樣。

晚上到海邊看海，你會發現水具有無窮潛力。漲潮時，海水帶來寶藏、遺落的手工藝品和一大堆神祕物件。當潮水退去，它們會帶走岸上所有東西，融入到廣闊未知的大海。在大海的子宮裡，孕育著過往歷史的遺跡、自然奇觀，以及難以想像的危險。

水的國度是一片無比遼闊的海洋，眼界所及看不到陸地，表面看似平靜，但水下卻是一個充滿奇異和神祕經驗的世界。然而，它也可能是在乾燥貧瘠土地上、烈陽照耀之下嘶嘶作響的最後一滴水。漂浮在平靜無波的海面，會讓你進入有如睡眠般的出神狀態，讓心和靈魂重新獲得活力，煥然一新。但是多變的氣候也會把平靜的藍色海面變成波濤洶湧的大浪，吞噬掉堅實的生命根基，將一切都摧毀。

無論是無情凶狠和不受羈束，或是平靜和鎮定，我們的情緒都具有強大力量，可以給予我們滋養，也能將我們摧毀。你會被浪漫的愛情浪潮感動，也會被洶湧的仇恨波濤淹沒。你應該多給自己一點時間，靜下來沉思關於水的一切。跟隨你的情緒之流，你會找到需要去的地方。

當聖杯牌出現，代表你要跟自己的心和情緒感受建立更緊密的關係。找時間靜下來沉思，潛入你內在世界的神聖水域，與不同面向連結。你現在有什麼感覺？你的心在渴望什麼？你的直覺給了你什麼暗示？過往經歷是否不斷浮出意識水面？你的內心和生活中有什麼東西需要洗淨呢？

如何運用水元素來療癒？可以洗個溫暖舒緩的熱水澡。在熱水裡加入具有鎮定效果的精油，比如薰衣草或檀香。徹底投入浴缸的懷抱，閉上眼睛，讓寧靜的浮力和療癒的香氣帶你深入你的感受。觀照你腦中出現的任何念頭。如果你想要抒解強烈情緒，可以帶一瓶水到戶外大自然裡散步冥想。找一個你喜歡的地點，靜靜坐著，對宇宙大靈表達出你的情緒。抒解完後，倒一點水在地上，感謝宇宙大靈療癒了你沉重的心。

✦風。寶劍牌。精神心理。分析。頓悟。✦

風能移動、改變和轉化我們的思想念頭。

風元素的具體化象徵是寶劍牌。風元素代表我們的心智頭腦和智性思維的力量。風可以改變、塑造和轉化它周圍的一切事物，我們的心智頭腦也是一種衡量和分析的工具。帶著意圖來揮劍，可以造成改變，但如果使用不慎，它就會變成一種破壞工具。成功與失敗的差別在於心理的精準度。

寶劍牌象徵著戰鬥、防禦和衡量計算。如果你更深入它的意涵，你就會發現風元素也帶有「向前進展」的本質，也會看到它如何帶你走得更遠、更高，以及帶給你動力。困在自己的想法和觀念當中，可能會導致焦躁不安、憂鬱和精神疲勞，就像寶劍九描繪的那樣。如果你能確實掌控自己的頭腦思維，你就可以像寶劍國王，清晰制定策略。

我們的思想念頭，就像春天和煦的微風，此起彼落拂過我們的腦海。如果不加以留意，我們的想法和信念很可能會變成帶有毀滅力量的龍捲風，席捲我們的生活，將我們的安全感和生命根基連根拔起。經年累月，只要時間夠長，風也能侵蝕堅固的石頭和山峰，就像我們的限制性信念會侵蝕我們的幸福。

如果你看著蓬鬆的雲朵飄過你的頭頂，你可以很輕鬆享受那個觀看的過程。就用這樣的方式來觀看你的念頭，允許它們充斥在你腦中。觀察它們具有什麼樣的潛能，然後去尋找關聯。念頭也像雲朵一樣變化無窮，所以，請允許你的頭腦成為一個實驗性的開放空間。如果你能觀照自己的念頭，它們就會逐漸清晰和擴展，將你帶入生命的下一個階段。

但是，如果你讓你的念頭和信念來主宰你，你的頭腦就會變成彪悍的鐵娘子。

你的精神狀態也可能陷入混亂而且帶有破壞力。有的時候，你會因為思慮太多而無所適從、迷茫和困惑；有的時候，你被迫循著單一想法的方向走。讓風元素的力量使你保持靈活，這樣你便可以輕鬆規劃、檢驗和衡量你的想法。你知道改變的風隨時會吹起，不要花太多時間在你的腦袋，以免讓你的想法變得有害和受到汙染。

當寶劍牌出現，請留意你的腦袋在想些什麼，仔細檢視你的思緒和念頭。你正在進入改變階段，試著觀察和分析。檢驗和實驗，制定一個計畫，並探索執行的方法。你腦中不斷出現的念頭和想法是什麼？你的想法和信念如何推動你往前進？它們是否正在危害你？你的行動計畫是什麼？

若要運用風元素來進行療癒，可以試著練習正念呼吸法。坐下來觀看你的念頭，這樣就好。讓你的念頭像雲朵那樣自由在你腦子裡穿行。並且留意，哪些念頭讓你一直想個不停。你可以把它們寫下來。這是解決問題和提前規劃的好方法。如果你思慮過多而變得焦慮，請停下來問自己：我現在想的這件事情是真實的嗎？然後留意你聞到什麼氣味、聽到什麼聲音、感覺到和看到身邊周圍什麼東西。閉上眼睛，放輕鬆讓自己感受當下。

✦土。錢幣牌。實體。出生。顯化。✦

土元素使我們接地落實、回歸中心，以及鞏固意圖。

錢幣牌（或稱五角星）是土能量的象徵。土元素是我們生命賴以生存的堅實基礎，也是創造、再生和重生的子宮。我們把生命的種子栽進土裡，培育它長大。我們滿懷敬意將亡者埋進土裡，讓他們回歸大地寧靜的懷抱。如果你將地球看作一個子宮，然後將這個子宮看作通向新生或不同存在方式的門戶或通道，你就會發現錢幣牌的巨大力量。錢幣牌代表我們勞動的成果，是我們用來交換其他商品的貨幣，也是我們所珍視的承諾之種子。

每一張錢幣牌的土能量形態皆不同，也分別代表物質生活、勞動和世俗經驗的不同階段。若進一步深入挖掘其象徵意涵，會發現，土（大地）就是我們身體的一種隱喻。我們的身體就是我們生命經驗的積累，裡頭有我們的創傷、痛苦和失敗，也包含我們的成長、快樂和幸福。貧瘠的土地則象徵因為濫用資源、貪圖個人滿足、忽視和剝奪所造成的創傷。肥沃的土地則象徵統合、專注、以及因為對施與受之循環的尊重而萬物鬱鬱蒼蒼。

你也跟大地一樣，堅強、堅忍、頑強。你也會感覺到被折磨、被殘害，而且極度渴望得到安慰，就像錢幣五描繪的那樣。你也可能站在一座美麗的花園，那裡果實成熟甜美，到處充滿生機，像錢幣九那樣。有時候，你是錢幣四牌面那個人，心裡被恐懼、匱乏和吝嗇所占據，因此緊緊抓著手上的東西不放。無論你經歷過什麼，改變的希望始終存在。擁有錢幣牌這個護身符，你就能被提醒，你擁有內在力量，可以放手歇息、重獲新生，可以重新改造你的人生、你的身體，以及你的人生經驗。

錢幣牌要求你活在當下、耐心、忠誠，並依據自己的本性來生活。像地球那樣，用搖擺和晃動來擺脫施加在她身上的壓迫和束縛。就算經歷冰凍、貧瘠、被遺忘的時刻，你的心依然有生命火花在低聲歌唱。就像從街道縫隙裡冒出頭的頑強野草。當你發現自己被過去生命的殘留物包圍和限制，請像吞噬建築物的野生藤蔓一樣，把你的空間拿回來。

將一顆種子握在你手裡。它看起來小小一顆、灰撲撲、不怎麼起眼，但在這顆隨風滾動的脆弱東西裡面，卻蘊藏著蓬勃發展的潛力。錢幣牌代表生存和興盛的強大意願。寒冷、堅硬的冬季土地結不出任何果實，但當春天到來，太陽回歸，那顆不起眼的種子被埋進大地的腹肚裡，一個全新的世界就會展開。

生活在宇宙太空這顆不斷旋轉的藍色星球上，我們始終被提醒，地球比我們想像的還要古老。她堅硬且堅忍，野蠻而頑強。但她也柔軟如沙，果實纍纍如同天堂。生與死在大地的子宮裡相遇。當錢幣牌出現在你生活中，請對你的人生旅程、你的生命經歷、你的痛苦傷疤保持覺知，去看到你從人生經驗中所累積的力量。鼓起勇氣，擁抱你的豐富本性，在靈魂深處培育你的種子，你所使用的言語、你的行動、你的愛，以及你所關心之事，讓這些種子在那裡成長茁壯。

當錢幣牌出現，代表你的生命力正在被喚醒，也是在提醒你擁有無限潛能和力量。你的生命正在覺醒，回歸你的真實本性。它也可能代表一件事情的終結，以便新事物可以誕生。你的勞動即將獲得成果，找尋你的創造潛能，以及讓生命再次成長的力量。你想創造什麼樣的人生？你的身體在告訴你什麼？你的家讓你感覺如何？你是豐盛還是枯竭？你是艱難度日還是繁榮興盛？

要運用土元素來療癒，可以到戶外去接觸大自然。去樹林或公園散步。坐在大樹下或一塊巨石上，感受大自然的安穩和穩固。讓你內心的恐懼和希望都流向土裡，將自己深深扎根於當下此刻，並且知道，你已經成熟具備一切潛能。請求大地為你顯現，你已經創造出的東西，以及你渴望和需要的一切。你可以自行製作或尋找你自己的護身符，例如一顆石頭、水晶，或從大自然裡找到物件。讓它成為一種提醒，時時刻刻記得你具有強大的力量。

使用塔羅牌時，請留意哪些元素跟你共振、哪些元素挑戰你。你目前處在什麼過程或能量階段？哪一種元素能量可豐富你的經歷？

作業練習

分別針對四個元素，聯想它們各自的相關詞彙，每個元素各寫一頁。例如，土元素讓你聯想到地面、地球、力量等，風元素讓你聯想到憤怒、平靜、微風。想到什麼就寫下來。不要做對錯判斷。讓詞彙自由流動。

儘量聯想，每個元素的相關詞彙都要寫滿一整頁。

這些詞彙可以幫你建立起自己對這四個元素的了解，實際去活用它們的含義。

6

塔羅療癒

你已經知道什麼是生日牌原型，也了解它們如何幫助你展現最好的自己。現在也學到小阿爾克那牌元素，以及它們如何幫助你療癒。但人生並非如此簡單，是吧？就算我們很努力去面對內心的黑暗面，偶爾還是會接到生命拋出的變化球。失去親人、憂鬱低潮、離婚、成癮症、家人問題、家庭暴力等等，每個人多少都會遇到這些狀況。沒有人能夠完全對這些麻煩事情免疫。

塔羅牌可以成為我們反思內省的絕佳工具。利用塔羅牌陣來反照我們的內心。把牌陣擺出來，深思每一張牌的圖像含義。這些牌在對你說什麼？你所問的問題以及所呈現出來的牌陣，引發你什麼感受？細細思考後，你會採取什麼行動？塔羅牌陣可以幫助你審視內心，找到療癒的空間。

雖然在出生牌章節我們只介紹了大牌，但如果要使用牌陣，一定要用整副牌來抽牌，把小牌的元素和其關聯性也涵蓋進來，這樣才能獲得完整資訊。以下就針對每一張塔羅牌列出一些關鍵詞，你可以用它們來作為解牌的起點。

✦大阿爾克那✦

愚人——開始、旅程、起點、信念、新的、勇氣
魔術師——天賦、技能、意志力、顯化、覺知意識、力量、賦予力量
女祭司——本能、直覺、女性智慧、被動、奧祕、神聖
女皇——豐盛、母性、創造力、感官歡愉、繁榮、女性化
皇帝——安全感、權勢力量、統御治理、父系、權威、給予者、穩固、領袖、老闆
教皇——傳統、遵從、靈性領導權、規則、秩序、老師、導師、學生
戀人——愛、關係、選擇、更高指引、折衷妥協、團隊合作、靜心冥想
戰車——意志力、方向、駕駛座、勝利、控制、先驅、目標
力量——力量、溫柔、協助者、征服、撫慰、療癒
隱士——智慧、老師、獨處、安靜、退縮、求道者、靜心冥想
命運之輪——樞軸、改變、動能、轉向、運氣、業力、法則
正義——業力債、法則、抉擇、公平、權利、法律

吊人——等待、信念、信賴、犧牲、觀點視野
死神——結束、開始、清理、釋放、改變、轉化
節制——妥協、調解、平衡、適度、煉金術
惡魔——束縛、成癮、卡住、壓迫、恐懼、無知、物質主義、負面消極、虐待、陰影
高塔——釋放、遽變、混亂、革命、改變、崩解
星星——療癒、健康、喜悅、正向積極、希望、名聲、知名度、可靠確實
月亮——恐懼、焦慮、隱而未顯、幻象、變化、陰暗
太陽——成功、幸福、熱情、歡樂、孩子、豐盛
審判——重生、蛻變、轉變、改變、結局、更高的召喚、覺醒、醒來
世界——結束、完滿、終結、成功、畢業、成就、目標、滿足

✦小阿爾克那✦

聖杯王牌——愛、開放、療癒、起始
聖杯二——吸引力、相遇、愛情、關係
聖杯三——歡樂、友誼、宴會、慶祝
聖杯四——沮喪挫折、缺乏興致、厭倦、懶散

聖杯五——難過、悲傷、屈服、失落、傷心
聖杯六——過去、家、安全感、懷舊、懷念、渴望、孩子
聖杯七——決定、夢想、幻想、幻覺
聖杯八——搬家、離開、追尋、靈魂探索、旅程、旅行
聖杯九——心滿意足、實現、心願
聖杯十——家庭、安全感、孩子、慶祝、成功、實現
聖杯侍者——理想主義、敏感的年輕人、情書、新關係
聖杯騎士——浪漫伴侶、夢想者
聖杯王后——養育者、母親、看顧者、直覺
聖杯國王——仁慈成熟的人、掌握愛的要義

權杖王牌——機會、創造力冒險、新的篇章
權杖二——規劃、主宰、成功、遠見
權杖三——拓展、旅行、成功、選項
權杖四——歡樂、幸福、慶祝、宴會、安全感
權杖五——衝突、競賽、運動、競爭

權杖六——勝利、成功、部落、領袖、凱旋、獲勝
權杖七——對抗、抗爭、挑戰、戰鬥、擊敗、打鬥
權杖八——短程旅途、旅行、新的消息、進展、速度
權杖九——焦慮、偏執、挫折、障礙、受傷、提防
權杖十——鬥爭、負擔、超過負荷、壓迫、艱難、壓力、苦勞
權杖侍者——聰明的學生、提出創意
權杖騎士——愛冒險的年輕人
權杖王后——鼓舞、溫暖、創意火花
權杖國王——力量強大、鼓舞人心的領導者

寶劍王牌——思想刺激、突破、衝突、前進、及時行樂、新思維
寶劍二——等待、深思冥想、選擇、考慮、反思、內向、停滯、休戰
寶劍三——傷心、離婚、悲傷、失落、心痛、背叛
寶劍四——沉思、療癒、復元、計畫、平靜
寶劍五——欺騙、卑鄙之行、航髒、痛苦、戰爭、戰鬥、背叛、傷害
寶劍六——過渡、繼續前進、支持、旅程、潛力

寶劍七——背叛、偷偷摸摸、狡猾、欺瞞、欺騙、鬼祟
寶劍八——限制、卡住、擱淺、束縛、阻塞、抑制、盲目
寶劍九——壓力、噩夢、無法入睡、失眠、憂慮、焦慮、害怕
寶劍十——結束、新的開始、痛苦、背信棄義
寶劍侍者——聰慧的年輕人、重要訊息
寶劍騎士——引起糾紛的人
寶劍王后——思想領袖、說真話的人
寶劍國王——學者、哲學家、思想領袖

錢幣王牌——財富、機會、機遇、工作、冒險
錢幣二——同時處理多樣事情、管理、選擇、權衡
錢幣三——技能、學徒、計畫、協力合作、獎賞、認可
錢幣四——安全感、貪婪、吝嗇、穩固、財富、占有欲
錢幣五——困難、局外人、貧窮、挫折、相互依賴、外傷、無家可歸
錢幣六——給予、慈善、人道主義、乞求、平衡、博愛
錢幣七——暫停、勞動、思考、成長

錢幣八——工作、進步、技能、學徒、學習、完美主義、成功
錢幣九——繁榮、安全感、物質成就、保護、財富
錢幣十——家庭、遺產、財富、成長、魔法
錢幣侍者——聰明的學生、財務資訊
錢幣騎士——值得信賴的年輕人
錢幣王后——看顧者、監護人、地球母親
錢幣國王——點石成金的鉅富、目標實現

以上這些關鍵詞或提示只是為了激發你的直覺。請相信你自己對這些牌的解釋。如果牌面圖案對你來說有其他含義，請聽從你內在智慧的引導，找到適合你和你的情況的含義。

請記得：你的直覺知道一切。放心接受它的引導！

塔羅是你內在世界的一面鏡子

當你開始運用塔羅來進行療癒，一場自我轉化的冒險旅途就開始了。這本書的主要目的不在於教你塔羅解牌，而是要引導你如何運用塔羅牌來自我療癒、給自己力量，但了解塔羅牌為什麼能給你幫助也是很重要的一件事。

塔羅是一種語言，也是一種符號的集合，可以幫你解碼你目前所處的能量狀態。此外，塔羅牌也能確實反映你內心世界的某些事情，那些事情其實你自己已經多少有所認知。這就是塔羅的神奇之處，它可以幫助你自我療癒，同時讓你看清自己的目標和力量所在。

抽牌時，無論你是基於什麼原因而抽牌，首先要留意的是，你抽出的牌什麼地方打動你。

你對眼前這幅圖案的第一個反應是什麼？
這張牌吸引你嗎？
還是你對這張牌感到排斥？

無論是正面還是負面，當一樣東西觸發了你的感受，就表示那樣東西表層底下有更多東西需要你去探索。以這種深刻且富有同理心的覺知意識，就能解開你的痛苦，也會看到盤繞在你靈魂深處的人生使命，你的人生會活得更有目標。

我們的世界一直很努力告訴你應該要當個什麼樣的人，但如果你以更寬廣的視野來看待生命，同時學會使用塔羅，你就找到自己的真實聲音。你會開始進入未知世界，去發掘內心的光，讓自己成長和改變。若要說，你能從這本書學到什麼，那應該就是，你會知道自己對人生始終擁有選擇權，可以根據實際情況做出回應、或是與之互動。你不必變成世界和別人所定義的那個你，你不必成為別人認為你應該要有的樣子。

我們每一個人都在生命的順流和逆流之間來回移動。順流時，你心情開朗、對生命熱情投入，一切都很順利。你感覺受到支持，生命無限寬廣。但這並不代表每一件事情都是那麼容易或輕鬆；這是意味著你對正在發生的事情有足夠的認識，知道什麼情況你會受傷，什麼情況你會快樂。光是這樣，你就能把自己的人生扭轉到一個新的方向。

當你陷入逆流狀態，你感到迷惘、事事受阻、無止境的惡性循環。若某些事情長期處於這種情況，就代表那是你需要去關注和採取行動的地方。將覺知意識帶入這些痛苦的地方，問自己：我如何藉由這些事情得到成長？

你的生命當中總有一些事情比其他事情更具挑戰性。只把注意力放在順利的事情上，無法讓你變強。你遇到的那些逆境挑戰，只會以螺旋形態不斷往上疊加，這就是為什麼面對陰影是自我療癒和成長改變的關鍵部分。

如果你對人生保持開放和好奇，就算事情很棘手，你也會學到如何順勢前進，根據地形地勢調整，重新找回自己的重心。保持敞開心態、對自己提問，然後進行反思，是你能做的對自己最有利的事情。覺察是療癒的關鍵。

當你把眼前出現的塔羅牌視為帶有大量訊息的全息圖像，你就能以更寬廣的視野去探索它的全貌。你對這些牌的最初反應就是第一個線索，代表目前這股能量對你是有利還是有害，以及你能從中獲得什麼。

接著，深入一點去看。圖像中有哪些東西吸引你注意。你對這張牌的心情感受是什麼？牌面圖案中出現什麼人或什麼東西？牌陣中的這幾張牌如何相互影響？是彼此成為助力？還是相互拉扯對抗？牌面上那些人物是正面相對、還是背對背？你有發現這些圖案的共同主題嗎？

這就是塔羅牌陣的架構能夠幫助你了解更多資訊的地方。如果你抽到的牌有很多張都是同一個牌組，不妨問自己，在象徵意義或隱喻上，這代表什麼。如果你抽到的全部都是火元素的權杖牌，那可能要檢視一下，你如何被點燃、被激發或參與進來。什麼事情助長這個情況？

如果你抽到的全部都是大阿爾克那牌（也就是我們俗稱的「大祕牌」），那表示你可能要處理的是更高層次的問題，或是面臨到一種情況，這件事情涵蓋你人生中的所有面向。

薩欣發現，塔羅牌會以某種特定方式向他傳達訊息：

”

抽出一張牌後，我會先去看整張牌的圖案。最初的印象就會揭露大量資訊。然後我會仔細去看這幅圖案，從上到下、或從左到右掃描一次，看看什麼東西吸引我的注意力。

那些吸引你的東西，代表有能量在那裡流動，要讓你看見。你的目光可能會被某個特定顏色吸引，比如太陽牌的暖黃色，這個顏色對你來說代表什麼？或是，你的注意力可能會被一些小細節吸引，例如錢幣九的那隻蝸牛。他很小，很容易被忽略，但他要告訴你什麼訊息呢？

要有耐心，每一張圖案都要仔細看。要完全信賴自己，讓牌卡來打動你。若有什麼東西引起你注意，但你不明白為什麼，就先相信它，把它寫下來，之後再重新看一次。

用提問來幫塔羅解密

如果你快速翻看整副塔羅牌，你會發現它像是一套由人物、圖像和經驗事件組成的馬戲團表演。逐一深入探索每一張牌，你可能會覺得興奮，但也有點嚇人，尤其當你從自我分析的角度去看這些牌、而且希望馬上了解每一件事情時。當你再更深入、慢慢發現牌義的細微差異，你會有所成長，隨著你的成長，這些牌也會跟你一起成長。讓你每次看到一張牌都有如初見，對它好奇心不斷！

如果你想擴大你的經驗感受，那就要帶著意圖去抽牌和解牌。也就是說，你要知道自己為什麼現在要問塔羅牌，以及這些牌想對你透露什麼。提出問題是必要的。問題愈清晰，答案就會愈深入。你提出的問題就是你的指路明燈。它會讓你得到的牌面訊息彼此間產生關聯。問題不同，牌面含義也會跟著改變，因為你是透過那個問題的鏡頭來看這些圖牌。

想像一下，你現在身體有個地方不舒服，然後你去找醫生或治療師。當你走進診間，你不會說：「嗨，我某個地方在痛。你能幫我搞清楚哪裡在痛嗎？」你不會這樣問。你會先有一個意圖，先去了解你的疼痛和症狀。你會先感覺你的疼痛點，然後才繼續深入挖掘那個問題。塔羅牌也一樣！

有很多牌陣可以協助你開始了解自己的問題。當你透過提問和牌陣來了解一個問題，你會發現，在你最初的那個提問底下還隱藏著其他問題。然後你會提出更深入的問題，找到更多答案。如果你願意的話，這會是你跟塔羅牌的一場開放性對話。

因此，你提出的問題應該要能夠帶給你力量、推動你往前進。你所問的事情和人物對象都要很明確。

舉個例子。你現在可能正陷入一段痛苦的戀情，這段感情讓你感覺疲憊、沮喪、無所適從。你一開始可能會這樣問：「這個人現在對我是什麼感覺？」或是「我們什麼時候才會復合？」

如果你是這樣問問題，那麼，你就是把所有的力量都交到對方手中或交給命運，事實上你真正想知道的是：「我如何才能擺脫現在的痛苦？」試著從這個問題開始，看它會如何發展。

有的時候，你可能只想看看塔羅牌要告訴你什麼。這樣做沒問題，但它比較適合當作一種思考方法，而無法獲得具體答案。你也可以針對同一件事情，分別從不同的角度去提問，或是詢問你可以採取哪些替代路徑。如果是這樣，塔羅就會變成一台顯微鏡，向你顯示整件事情的各個局部面貌。

以下是一些提問範例：

對於這件事情，我需要知道什麼？

我該怎麼做，這件事才會有進展？
現在什麼事情對我最有利？
我現在能做的選擇是什麼？
為什麼我會覺得……？
我下一步可以怎麼做？
如果……我會有什麼感覺？
什麼情況下我可以改變方向？

塔羅的三種力量

傳統上，塔羅牌是被用來作為了解一件事情發展軌跡的工具。你可以藉由塔羅來檢視過去和現在，了解目前所走的路，以及未來它會如何發展。有些人會避免用塔羅來預測，因為未來是一個時時刻刻都在變動、不斷在創造的流動性空間，但說起來總是很容易，如果你循著這條線一直走，最後一定會碰壁。

塔羅牌的神奇之處就在於它的創造潛力。去探尋一件事情的不同面向，你會看到各式各樣的可能性。如果你是用這種方式來使用塔羅，那它就會變成一種具有流動性、能帶給你養分，而且富有創造力的工具。你會開始看到你的人生擁有各式各樣的機會，而非僅能被動接受它原本的安排。請記得，你要的是讓塔羅帶給你力量！

1. **診斷力**。塔羅會向你顯示一件事情的各個部分和面向，以及它們如何組合在一起，創造出你現在所看到的現實。這是塔羅解牌的第一個層次。

2. **追溯力**。當你藉由一個占卜牌陣來探索一件事情的各個面向，你會發現，你現在經歷到的很多事情都是根植於過去。過去的痛苦、創傷和經歷，塑造了現在的我們，包括我們的信念，以及我們如何處世待人。如果你知道過去的痛苦在哪裡，就可以選擇能夠喚起你過去經驗的圖像，在安全的情況下與它互動，然後從那裡來改變你的故事。你可以先將已知的故事解構，然後從一個能夠賦予你力量的新視角，重新建構它。要記得，能量是流動的。

3. **創造力**。如果塔羅牌能為你顯示未來的可能性，那它就能幫助你創造未來。當你從塔羅所出現的牌陣內容來看未來，事實上你看到的是，目前你的能量如何交織在一起，建構出你的道路。如果你能釐清自己的願望，將它轉成一個明確的意圖，你就能選擇要用哪些圖像來代表你想講述的新故事。

塔羅的潛力存在於你夢想、創造、延伸和轉變觀點的能力。如果能善加運用塔羅，它的療癒力是無窮的。每一張牌都是你人生的一面鏡子，同時也是通往嶄新人生的一扇門。

如何提出好的問題

提出好的塔羅牌問題是一種藝術。如果你的問題是「他會回心轉意嗎？」之類的，或是「我應該接受這份工作嗎？」或是「是／否」，這種問題本質上都是被動性的，表示你對自己的未來無法發揮任何作用。雖然塔羅也會告訴你一件事情的可能結果或最佳路徑，但最好的答案是，那個訊息能夠帶給你力量，讓你把創造未來的責任掌握在自己手中。

要如何提出好的問題呢？以下這些指南可供你參考：

先從「我可以做什麼」或「我怎樣做才能」這樣的問題開始，這類提問可以讓你處在主動位置，讓塔羅牌成為你值得信賴的盟友，而不是用來算命的工具。以下是一些問題範例：

關於＿＿＿＿＿＿＿＿，我需要了解什麼？

我可以做些什麼來改善＿＿＿＿＿＿＿＿？

要達到＿＿＿＿＿＿＿，最好的一條路是什麼？
關於這件事，目前我沒有看到的是什麼？
在這件事情上，我該把我的力氣放在哪裡？
我可以如何支持＿＿＿＿＿＿？
在這件事情上，我的角色是什麼？
在＿＿＿＿＿＿這方面，我能做出的最有力決定是什麼？

每次你想到某個問題或某件事情，都可以隨時拿出塔羅牌來做占卜練習！

如何使用牌陣

你需要準備：

一**副你喜歡的塔羅牌**。本書使用的是「萊德偉特史密斯塔羅牌」(Rider Waite Smith deck)，但你可能有自己更喜歡的塔羅牌。任何一副牌都可以！

一**本筆記**。花時間把你得到的回答記錄下來，可以幫助你把占卜內容具象化，讓你跟塔羅建立更緊密的連結。從你寫下的內容進一步去思考，或許還會發現新的答案和見解，擴大解讀的廣度。而且，這本筆記也會成為一份有生命、會呼吸的療癒宣言！

請將這本塔羅筆記獻給這段賦予你力量的療癒旅程。而且你可以用你想要的方式來表現，包括文字書寫、繪畫、剪貼、著色等等。（薩欣說：當我很生氣時，我會用很粗的奇異筆，把字寫到線外、寫到跨頁，還上下顛倒寫）。塔羅筆記就是你用來自我反思的一面鏡子；它會向你顯現你目前所在的位置，以及你從一個新的有利位置去觀看一件事所看到的東西。

進行步驟：

1. 先翻開這個章節，找到你覺得有感的牌陣。決定好要用哪一個牌陣後，找一個安靜不會被打擾的地方。如果可以的話，把門關上，點上幾根蠟燭或薰香。把這段時間當作一次靈性修練時刻。
2. 安靜坐著一分鐘，調整呼吸。閉上眼睛，做幾次緩慢深長的呼吸。
3. 你也可以先唸一段簡單的祈禱詞或祝福語。比如：「願塔羅牌讓我了解我需要知道的事情」或是「願我需要的答案順利出現」或是「請讓我跟我的更高指導靈連結」。
4. 洗牌，同時專注在你想要問的問題或事情上。任何一種洗牌方式都可以，沒有任何對錯。只要你覺得自然、順手就好。
5. 洗完牌後，整副牌牌面朝下放在桌子上，切牌，把牌切成三疊。然後用你喜歡的方式把三疊牌重新疊在一起。

6．取牌。你可以從整副牌的最上面一張開始取牌，或是將整副牌攤開呈扇形，根據你的直覺從任何一個位置把牌抽出來。

7．讀牌。看看這些牌卡圖案要對你說什麼？信賴你的直覺，把你的第一印象寫在筆記上。讓詞語從你身上自然流出！千萬不要去過濾它。你可以在筆記上畫一張空白牌，寫下這張牌的名稱，以及一、兩個可以描述這張牌的詞彙。例如，抽到的是權杖五，你可能會寫：戰鬥、衝突、競賽。過一段時間後，你可以重新回來看這張牌，然後把更多想法補充上去。讓這些圖案對你說話，可以幫助你了解它們的訊息。把它們想像成一本故事書裡的圖畫。你看到什麼？心情或情緒感受是什麼？裡面有哪些角色？去體會那些牌面顏色、圖案，甚至天氣狀況給你的靈感。

8．寫完筆記後，安靜坐著，重新再研究一次圖案。把你寫下的東西讀出來。注意你的情緒感受。

9．結束這次解牌之前，可以把牌陣拍照下來，做圖像記錄。有時，重新回來看一個牌陣，看看每一張牌之間的相互關聯，你可能會有不同層次的領會。你甚至可以把牌陣當作一種療癒曼陀羅圖，因為它會讓你具體看到目前這件事情的特殊能量狀態。

溫馨小提醒：雖然塔羅牌可以成為你的一個可愛盟友，但請不要用它來取代心理諮商，或是作為其他類型的治療或醫療建議。它的目的不是要取代執業律師、商業顧問、財務顧問、心理學家或其他醫療專業人員所提供的照護。

牌陣

瀏覽以下牌陣，然後找出符合你需求，或你覺得有感的牌陣。

身體心思靈魂牌陣

身體心思靈魂牌陣是最經典、也最適合用來做「自我檢視」的一種牌陣。它可以快速幫你查看目前的能量狀態，或是你哪個地方需要療癒。牌陣由三張牌組成，分別代表你的身體、心智思維和靈魂三個面向。

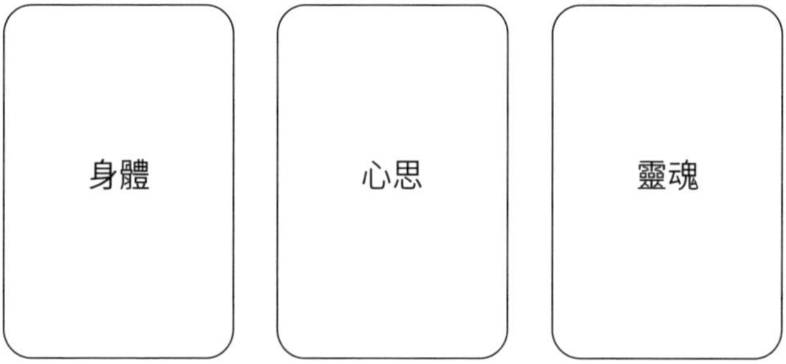

如果你想了解自己目前的能量運作狀態，這是一個很棒的牌陣，可以幫你釐清是哪些想法、信念和情緒在阻礙你前進，協助你重新找回生命動力。

洗牌，牌面朝下呈扇形攤開。聽從直覺的指引，為你的身體、頭腦、靈魂各抽出一張牌。把牌翻到正面。這些牌在告訴你什麼？

以下這個例子是桑德拉抽到的牌，她最近剛失業，正在尋找新工作。

身體：桑德拉抽到高塔牌。高塔牌象徵一件令人難以接受的事，也代表她害怕改變。失去工作讓桑德拉感到非常焦慮。她承認，因為失業導致她嚴重失眠，也讓她養成了暴飲暴食的壞習慣。桑德拉意識到，她需要找到更好的方式來面對她的壓力。

心思：桑德拉抽到權杖十。權杖十是一張代表沉重負擔和勞苦的牌。桑德拉是一名單親母親，因此，沒有工作的日子對她和她的小孩來說都很辛苦。她不知道該怎麼辦才好，彷彿整個世界的重量都壓在她肩上。有時，她甚至想要自暴自棄，但她知道不能這麼做。

靈魂：桑德拉抽到聖杯騎士。聖杯騎士象徵開放心態和愛。在過去，靈性修練總是能帶給她安慰。回到她的靈性修練對她應對目前的艱難情勢應該會有幫助。桑德拉說，為了減輕壓力，她最近加入了一個靜坐冥想團體。這個團體的帶領者對她的指導很有幫助。這是她目前唯一可以感到安心的地方。在這部分，她做出了明智的選擇。

這個牌陣告訴桑德拉，她需要多多照顧自己。此外，權杖十這張牌很清楚告訴桑德拉，她似乎承擔了太多的責任。也許現在她應該跟家人聯絡一下會比較好，或許她的家人可以提供她一些支持、當她的後盾，直到她重新站起來。

心情低潮時刻牌陣

這是一個簡單的兩張牌牌陣，當你情緒低落、想要尋求內在指引時，很適合使用這個牌陣。

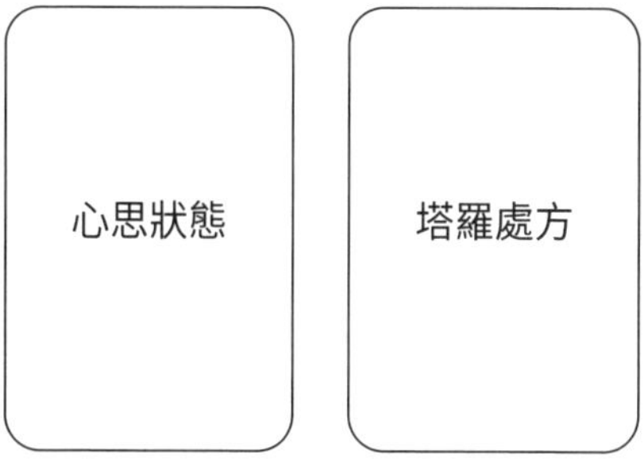

步驟如下：

拿出整副牌，一張一張翻牌，選出一張牌來代表你此刻的感受。例如，你現在覺得很悲傷，可以選聖杯五。覺得很焦慮，可以選寶劍九或權杖九。找出跟你此刻心情（心思狀態）最吻合的一張牌。

接著，用其餘的牌來洗牌。洗好牌之後，牌面朝下呈扇形攤開，然後憑直覺抽出一張牌。這張牌代表你的解決方案或「塔羅處方」。用一點時間來沉思這兩張牌，然後把你的想法寫在筆記本上。

離婚後，布羅迪一直覺得悵然失落。雖然他已經有了新的交往對象，但監護權的歸屬問題讓他很難隨意跟孩子見面。此外，他其實還很懷念前妻。他選擇用來代表他目前心情的牌是寶劍三。之後抽到的是教皇牌。

教皇牌可以象徵諮商師或調解人。在這個例子裡面，布羅迪覺得也許他需要找一位治療師跟他一起來處理離婚留下的創傷。不過他也認為，教皇這張牌可能是在建議他，應該找一位法律調解人來幫他跟前妻達成更好的監護權協議。雖然無法保證這樣做就能改善他目前的情況，但這一步對他的孩子來說，應該是比較正確的方向。

哀傷牌陣

人生中某個時刻，你可能會經歷到失去親人的傷痛。所有人都一樣。但每一個人表達哀傷的方式都不同。有些人會直接表現於外，有些人則私自傷心。有的人可以很快度過悲傷期，繼續往前走，有些人則可能長期陷在悲傷情緒中。雖然每個人處理哀傷的方法都不同，但自我反思確實是有效的方法。這個牌陣的基本架構是來自伊麗莎白・庫伯勒・羅斯（Elisabeth Kübler-Ross）和大衛・凱斯樂（David Kessler）在其著作《當綠葉緩緩落下：生死學大師的最後對話》（*On Grief and Grieving*）當中提到的「悲傷五階段」概念（譯注：悲傷五階段：否認、憤怒、討價還價、沮喪、接受）。在處理失去親人傷痛方面，這是非常合適的一個牌陣。

洗好牌之後，牌面朝下放在桌上。將整副牌切成五疊。從每一疊牌最上面取一張牌，五張牌分別代表的意義是：

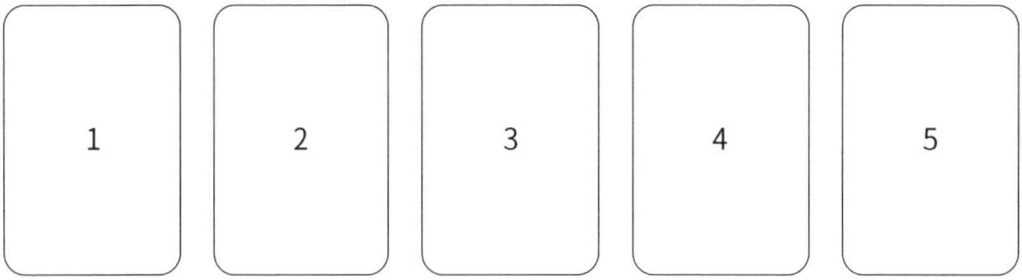

1．我現在需要正視什麼事情？

2．我能從憤怒中學到什麼？

3．我能做什麼讓自己找到平靜？

4．我的悲傷要告訴我什麼？

5．此時我需要接受什麼？

幾年前，特莉斯塔的兒子在一次暴力事件中身亡。雖然她的親人不斷要她接受失去兒子的事實，但她始終無法釋懷。就像她說的：「如果是你的孩子被人殺了，你要怎麼放下？」

她選擇用這個哀傷牌陣來了解自己的感受，還有，為了讓自己好起來，她需要知道什麼事情。

我現在需要正視什麼事情？特莉斯塔抽到星星牌。星星牌代表希望和鼓舞，這意味著特莉斯塔或許想要知道，她是否可以用自己的經驗來鼓舞別人。她開始在社區推動反槍枝暴力運動，如果不是因爲失去兒子，她可能永遠不會來做這件事。她不否認失去兒子的悲慘經驗讓她非常痛苦，但這也給了她一個機會，正面看待傷痛，讓自己好起來。

我能從憤怒中學到什麼？特莉斯塔抽到魔術師牌。憤怒和意志力如果被誤導，可能會導致更多暴力。如果能正確利用憤怒的力量，它就能轉化為改變的契機。憤怒是一種能量，特莉斯塔或許會發現，她可以利用她的憤怒來改變這個世界，而不是繼續將憤怒壓抑下來，然後繼續仇恨加害者。

我能做什麼讓自己找到平靜？特莉斯塔抽到的是權杖侍者。侍者牌代表信差、傳訊的人，權杖侍者是帶有火熱能量的傳訊者，因為權杖牌對應火元素。到目前為止，我們看到的這幾張牌彼此間都強烈關聯，這表示特莉斯塔有機會在她的社區發揮其影響力。接受內心的怒火，然後利用它來鼓舞其他人！鼓勵孩子們做出改變，放下手上的武器。這是為自己創造平靜的最有效方法。由於侍者牌也代表嶄新的開始，這可能會促使特莉斯塔開始以某種方式跟年輕人相處互動——可能是到學校演講。

我的悲傷要告訴我什麼？特莉斯塔抽到權杖國王。這張牌是在告訴她：「請用它來為燃料。」悲傷和憤怒一樣，都可以成為前進的動力。權杖國王握有強大能量，而且會用它做大事。這幾張牌似乎不斷鼓勵特莉斯塔要擔任起領袖角色。

此時我需要接受什麼？特莉斯塔抽到的最後一張牌是寶劍三。這是一張讓人很難面對的牌，同時也是一種痛苦的提醒，無論如何她的兒子都沒辦法再回來了。他走了，而且沒有任何人可以取代她的小孩。對一個母親來說，這是一個無比沉重的十字架，但很不幸，特莉斯塔必須勇敢將它背在肩上。這張牌也代表，或許她得接受這件事：她依然會感到傷心和憤怒，這種感覺或許會陪伴她一輩子。

擺脫成癮的牌陣

「我很努力在戒菸，但似乎注定會失敗。我感覺自己已經忍耐到了極限，不知道接下來會發生什麼事。我怕我會舊癮復發。」

成癮是一種精神、肉體和靈魂上的痛苦折磨——當你的心思、肉體和靈魂全都被化學物質、焦慮和強迫性思維所糾纏，你的人生幾乎不可能做出自信、正向的選擇。

如果你正在跟成癮症作戰，以下這幾個牌陣或許能幫助你走出谷底，迎向光明。

✦戒癮十二步驟牌陣✦

大多數人都對美國戒酒匿名會推廣的「十二步驟」很熟悉了。這個牌陣就是使用其中的幾個概念來作為反思的工具。

洗牌，將牌面朝下呈扇形攤開。為每一個問題各抽出一張牌。沉思你抽到的牌，然後把心得寫在筆記上。

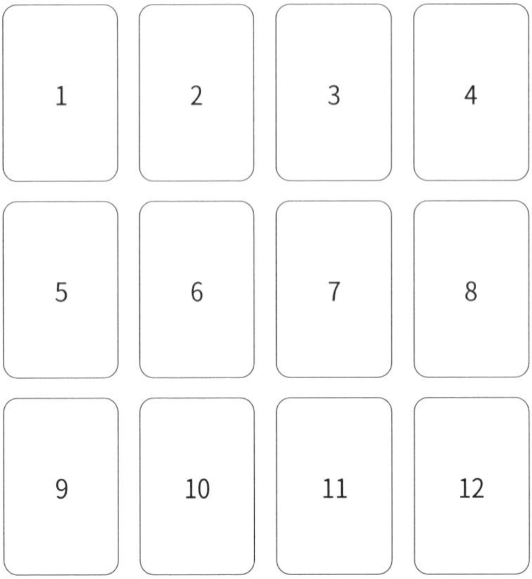

1. 什麼情況下你覺得自己很無力？
2. 你認為自己是一個什麼樣的人？
3. 你現在可以做什麼決定來改變目前的狀況？
4. 當你注視鏡子，你看到什麼？
5. 你現在需要面對的錯誤是什麼？
6. 你現在可以負起責任的一件事情是什麼？
7. 舉出一種可以讓你覺得有力量、完滿、強大的方法。
8. 你會如何彌補因為成癮而傷害過的人？
9. 你需要原諒自己什麼事情？
10. 你現在想坦白承認什麼事？
11. 你的高我現在想讓你知道什麼？
12. 在接下來三十天內，你願意貫徹執行什麼事情？

伊麗莎白多年來一直有酒癮的問題。這嚴重破壞她跟家人的感情，也讓她和女兒們的關係變得很緊張。這幾個月來，她一直努力戒酒，讓自己保持清醒。她用這個牌陣記錄了自己的反思心得：

什麼情況下你覺得自己很無力？伊麗莎白抽到權杖騎士。當危機發生，而有人期望我去幫助他們時，我感覺自己完全無能為力。我知道我應該做更多的事情來幫助我所愛的人，但我已經自顧不暇，沒有多餘力氣再去照顧別人。當別人需要我幫助，我感覺自己很無力。

你認為自己是一個什麼樣的人？伊麗莎白抽到權杖國王。在內心深處某個地方，我看到一個勇敢無畏的人。儘管我在現實生活中好像不是那樣的人，但我知道內在真正的自己其實是這樣。

你現在可以做什麼決定來改變目前的狀況？伊麗莎白拿到聖杯七。這張牌讓我想到，我坐在酒吧裡，努力想著要喝哪一種酒！我想我現在可以做的決定就是，避開酒吧或有酒精的地方，這樣我就不用考慮要喝哪一種酒了。

當你注視鏡子，你看到什麼？伊麗莎白抽到寶劍王牌。我看到有人開始要有所突破了。雖然仍有萬重山要翻越，但我正在尋找工具，讓自己達到最後的勝利。

你現在需要面對的錯誤是什麼？伊麗莎白抽到皇帝牌逆位。我知道皇帝牌跟安全感、安心感有關。我知道我的行為和選擇已經破壞我家的穩定感。現在我最先需要解決的是這個問題。

你現在可以負起責任的一件事情是什麼？伊麗莎白抽到聖杯四。我可以說「不」。這件事情看似簡單，其實不然。

舉出一種可以讓你覺得有力量、完滿、強大的方法。伊麗莎白抽到聖杯九。我希望自己可以知足，即使在一些小事情上。

你會如何彌補因為成癮而傷害過的人？伊麗莎白抽到吊人牌。為他們做出犧牲，也就是徹底戒酒，也不扮演受難烈士角色。我過去經常用這個角色來作為酗酒的藉口。

你需要原諒自己什麼事情？伊麗莎白抽到聖杯侍者。我對我的孩子覺得很愧疚。我知道，雖然我經常讓她們失望，但我一直都很愛她們。我必須記得這件事，而且要原諒自己，在她們最需要我陪伴的時候沒有在她們身邊。

你現在想坦白承認什麼事？伊麗莎白抽到聖杯三。我承認我喜歡藉著喝酒跟人交際。事實上，它讓我解開束縛，成為「宴會上的核心人物」。我猜，我心裡可能認為自己喝了酒後就會變成一個很風趣的人，但事實上，我只是在逃避需要面對的事情。

你的高我現在想讓你知道什麼？伊麗莎白抽到寶劍國王。我的高我希望我知道，我有能力完全戒酒。我已經具備戒酒的一切條件，我可以改變我跟酒精的關係，也改變我的生活。我想，我的高我也在提醒我，要對自己誠實。即使回答了這些問題，我還是覺得自己可能還在掩蓋一些事情，因為有些事實我還沒準備好要面對。哇，我要做的功課還有很多呢。

在接下來三十天內，你願意貫徹執行什麼事情？伊麗莎白抽到錢幣五。我願意努力去面對問題的核心，也就是依賴問題。目前我正在跟我的戒酒輔導員一起處理這個難題，這是我需要更深入面對的事情。

✦舊癮復發時✦

康復這條路，往往是由舊癮復發所鋪成的。研究顯示，大約70%至90%的人都有舊癮復發的經驗。許多酒精上癮人士在最後戒酒之前通常會多次再犯。這是康復過程的一部分，如果你有這種情形，也不必覺得羞恥。

舊癮再犯並不代表失敗，只是表示你需要更多的努力和支持。如果你有舊癮復發的情形，這個牌陣可以幫助你去反思，什麼原因你會舊癮復發，以及下一步該怎麼做。

洗牌，切牌，將整副牌切成三疊。每一疊都取最上面那張牌，然後用以下這些問題作為解牌提示。

1. 關於舊癮復發的根本原因，我需要知道什麼？
2. 我可以從這個經驗學到什麼功課？
3. 為了回到正軌，我下一步該怎麼做？

在一次背部受傷後，邁克對止痛藥成癮。他在一家地方診所順利完成住院戒癮療程，但三個月後舊癮復發。他準備重新接受門診治療，並希望找出成癮復發的原因，以及往後該做什麼改變。邁克用這個牌陣記錄了自己的想法：

關於舊癮復發的根本原因，我需要知道什麼？邁克抽到錢幣七逆位。雖然門診治療的療程計畫已經在進行，但我並沒有好好執行那個療程。我對每天靜坐冥想和小團體聚會感到厭煩。再加上，生活實在太忙了。工作一忙起來，我就開始偷懶。過沒多久，情況就變糟了，我又開始尋求藥物慰藉。這就是導致我舊癮復發的原因。

我可以從這個經歷學到什麼功課？邁克抽到教皇牌。這表示我需要持續不懈、好好執行療程，並再次找專家諮商。我以為我已經可以一個人上路，但我想我還沒到那個階段。我覺得有點丟臉，因為沒辦法靠自己的力量做到這件事。但我不會被它打敗，我應該放下我的自尊，承認我需要更多幫助。

為了回到正軌，我下一步該怎麼做？邁克抽到權杖五。我需要認真投入這場戰鬥，而且全力以赴！這張牌讓我覺得有趣的地方是，有好幾個人也參與在這場戰鬥中；這是另一個隱喻，代表我需要跟其他同樣有此疾病的人一起合力戰鬥，而不是獨自奮戰。我會徹底執行我的療程，重新加入治療團體的聚會。這也許可以幫助我回到正軌，持續不懈往前進。

✦如果你的親友是成癮者✦

成癮症影響的不僅僅是成癮者本人，也會影響到他們的親朋好友，甚至包括財務問題、身體健康或情緒問題。親人間的依賴關係可能會加深成癮的惡性循環，最後逼得整個家庭都走上黑暗、疲憊的路。

儘管每個人的情況各有不同，但共通點是，成癮者的家庭成員最後都會出現內疚、焦慮、恐懼情緒和無助感。我們該如何保有健康的界限，同時又陪伴在我們親愛的人身邊呢？

泰瑞莎有一名老朋友，多年來一直在跟海洛因毒癮作戰。戴夫曾多次進出戒毒所和監獄，這往往導致他在戒毒之後總是能再三得到朋友的寬容和幫助。而這段關係也為泰瑞莎帶來不小的影響：

”

有好幾年我們幾乎失聯，那段時間，他的毒癮非常嚴重。後來我們重新聯絡上，他無家可歸，情況很糟糕。我們很努力幫他，但最後所有努力都付諸流水。我們交到他手上的錢直接變成毒品流進他手臂。在束手無策的情況下，我們最後決定不再對他提供援助，也就是說，我們要設立嚴格的界限，不再對他提供任何支援。他打了幾次電話找我們幫忙，但我們知道他又開始使用毒品，所以我們完全不想接他的電話。幾天之後，我們接到消息：他因使用毒品過量而死亡。雖然我知道我們必須設定一個底線，但直到今天，我心裡的陰影始終揮之不去。我常常在想，如果當初我們想了其他辦法，是不是會有比較好的結局。或許事實也並非如此。戒毒其實是一件非常艱難的任務，不管對成癮者本人、或是他們身邊的親友來說，都非常困難。無論這名成癮者是正在戒毒，還是已經來到康復後期，成癮者的家人和朋友同樣需要時間來療癒。

這個牌陣可以幫助你找到力量來支持你身邊的成癮者，無論他們目前是在成癮狀態，還是正在康復的路上。

一邊洗牌，一邊在心裡默想你的那位親友。切牌，將整副牌切成三疊，然後重新疊在一起。從整副牌最上面一張開始取牌，把抽到的牌排成上下兩列，每列各放三張牌。第一列代表這位成癮者，第二列代表你。

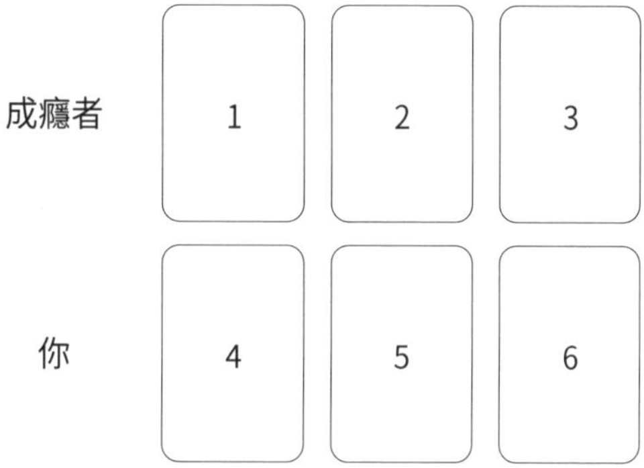

成癮者的三張牌：

1．對於＿＿＿＿〔成癮者名字〕目前的狀況，我需要知道什麼？

2．此刻＿＿＿＿需要的是什麼？

3．此刻我希望＿＿＿＿怎麼做？

你的三張牌：

4．我現在需要設定什麼界限？

5．我現在可以提供什麼樣的支持？

6．此刻我需要為自己做什麼？

查理的母親珍妮多年來一直是鴉片類藥物成癮者。她接受過多次戒癮治療，已經有好幾年不碰毒品。但她最近又開始了，因此他決定跟她設定明確的界限，也就是不許她進入他的房子。他想知道怎麼做才能幫她、愛她，同時又保有自己的平靜生活。

以下是他抽到的牌和他的解釋：

對於珍妮目前的狀況，我需要知道什麼？查理抽到聖杯三。根據她的說法，此次舊癮復發似乎是因為她的社交生活造成的。她每次一跟朋友碰面，就想去參加派對。她似乎沒有認真看待這件事。她說她只有週末才跟朋友聚會。但我知道這樣下去事情一定會很大條，因為如果你有成癮問題，那絕對不存在「我只不過去一下下」這樣的事情。

此刻珍妮需要的是什麼？查理抽到聖杯八。我不知道該怎麼解釋這張牌。她是要自己離開嗎？還是她要我離開不要管她？這是一段旅程，我們都在這條路上，但我不確定到底是誰需要上路。

此刻我希望珍妮怎麼做？查理拿到聖杯二這張牌。哎。這是愛、妥協、合作。我希望她能陪在我身邊，我希望我們能在旅程的中間點相會。我不知道有沒有這樣的可能，但我是真的希望我母親能放下煙管，做一個有能力愛人和盡責的母親，我知道她可以。

我現在需要設定什麼界限？查理抽到錢幣六。這對我來說很明確，就是金錢上的界限。這個問題一直都在。雖然我不想看到她無家可歸或是生活陷入困境，但我不能再像她上次舊癮復發時那樣，無止境對她通融。對於金錢上的支援，我需要設定嚴格界限。

我現在可以提供什麼樣的支持？查理抽到錢幣十。看到這張牌，他覺得很有趣。因為她會偷東西，我不想讓她繼續跟我們住在一起，但或許有一些方法可以讓她和我的家人相處。這張牌裡面的那位長者就是坐在屋子外面，他可以跟狗狗相處。這張牌讓我看到，允許一些時間讓她跟家人相處，可以讓她覺得自己不是外人，但她的偷竊行為是不能被容忍的。

此刻我需要為自己做什麼？查理抽到聖杯國王。這張牌明確顯示，我現在需要處理一下自己的情緒。我很傷心，因為我非常愛她，但我不能讓生活繼續這樣下去。我目前正在接受治療，我希望能夠多愛自己，但也希望能愛我的母親。這並不容易，而且可能會是一輩子要努力的事情，因為長期成癮問題。就算她再也不碰毒品，這些傷痕也已經很深。

走出舊感情

當一段感情突然中止，那種傷害是非常巨大的。原本對未來抱持的希望和夢想全都煙消雲散，留下的只有悲傷。面對這種情況，人們通常會想要繼續維持這段感情，對過去念念不忘，即使這段關係原本就存在許多問題。因為，我們往往不想去正視兩人之間的難題，只想記得這段感情的美好。

塔羅占卜師最常被問到的問題之一就是：「我的伴侶會回心轉意嗎？」這個問題其實並不健康。它會讓問卜者陷在過去的故事裡，什麼也不去做，只坐等對方回來。當塔羅牌顯示這個人不會回心轉意時，問卜者通常會對塔羅占卜師生氣，然後再去找另一個能夠滿足他們內心執迷的人算塔羅。如此不斷惡性循環，問卜者對那個已經離開的人不斷懷抱希望。

如果你正面臨分手問題，請克制自己的衝動，不要問這個問題。因為它對你完全沒有幫助。請記得，即使你們復合了，往往也需要花很大功夫來療癒傷痛。與其把焦點全部放在他們身上，不如把力氣投注在自己的生命。當你把注意力集中在自己身上，就是在為自己的幸福負責，而不是將這個責任交給你的前男友前女友……或某位塔羅占卜師。

以下這個簡單牌陣可以幫助你反思為什麼自己如此執著，也會讓你看到，接下來你可以做什麼事情讓自己放下執著往前走。

洗牌，將牌面朝下呈扇形攤開。分別為每一個問題抽出一張牌：

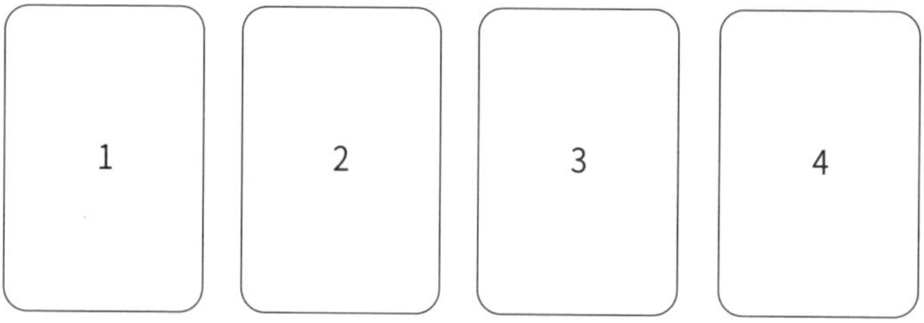

1．為什麼我會失去這段感情？
2．為什麼我會執著這段感情？
3．我現在需要看清什麼事情？
4．接下來我該怎麼做才能放手往前走？

戴安娜一直對她的前男友羅德念念不忘。他們分手已經兩年，他也交了新的女朋友。但她還是希望有一天羅德能回到她身邊，雖然她自己也知道不太可能，因為他已經不再跟她聯絡，應該是不可能再跟她復合。

以下是她抽的牌和她的回答：

為什麼我會失去這段感情？戴安娜抽到錢幣七。我不確定這張牌代表什麼意思。是不是因為我自己經濟不穩定？還是因為我覺得在我經濟困難時我可以依靠他。我們一起度過很多困難，我很幸運有他支持。

為什麼我會執著這段感情？戴安娜抽到權杖八。其實一直都有其他機會，但我遇到的男人中沒有一個讓我很想要跟他們交往。

有的人想很快跟我進入關係；有些人則沒辦法讓我感受到我跟羅德相處時的那種感覺。我在想，或許我再也沒辦法對其他人有同樣的熱情。坦白說，性方面也是一個原因，讓我很想要跟羅德在一起。

我現在需要看清什麼事情？戴安娜抽到聖杯四。因為我對他太過迷戀，以致看不到其他選擇，雖然我身邊還是有一些不錯的男人。但是我視而不見，甚至把他們拿來跟他比較，而且假設那些人都很無趣。我得承認，我會跟羅德吵架……而且常常吵架。那些人當中有幾位是「個性溫和的人」，或許我認為個性溫和就等於沉悶無聊吧。

接下來我該怎麼做才能放手往前走？戴安娜抽到寶劍五。這張牌似乎在說：「認輸吧。事情已經結束了。」牌面上有三個人——這是一個徵兆，確實有另一個人存在，而且他可能不會再回到我身邊。也許時候到了，我應該要認清，無論我能不能接受，一切已成定局。我不能再對自己說謊，雖然這真的很難。

當你感覺迷失方向

人生當中，總有感覺失落迷惘的時刻。這時候，你找不到堅定向前的道路，你隨處飄蕩，沒有半點方向。真令人挫折沮喪！但事情未必如此糟糕。這個牌陣非常適合用來幫自己重新找到方向。

✦羅盤牌陣✦

把牌徹底洗乾淨。洗好後，整副牌放在桌上，用左手切牌，切成四小疊。

依照南、西、東、北四個方位順序來取牌。從第一疊最上方取出第一張牌，放在南方位置。第二疊最上面一張牌，放在西方。第三疊牌是東方，最後一疊最上面那張牌是北方。

四個方位代表的意義如下：

南方：你目前的處境

西方：在你身後的東西

東方：在你面前的東西

北方：下一步行動

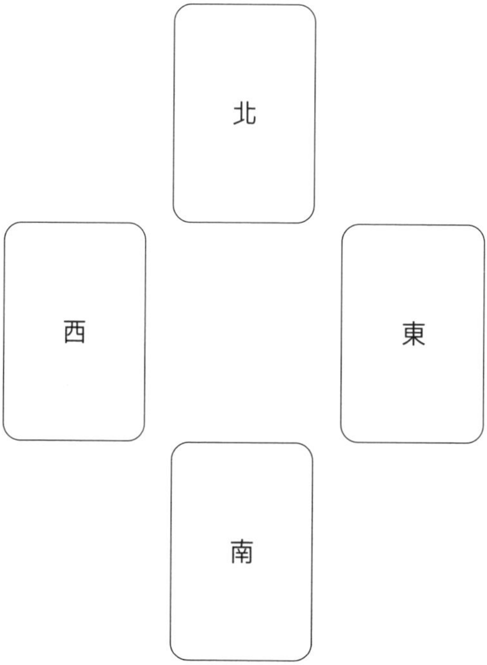

以下是泰瑞莎針對這個牌陣寫下的心得：

❞最近，我發現自己太過專注在工作的某個面向。我並沒有對這個情況感到興奮，反而覺得有點不對勁。我決定用羅盤牌陣來釐清這個問題。

南方：泰瑞莎拿到吊人牌。吊人雖然有等待的意思，但也可能象徵陷入困局。這相當能夠描述我現在的感受。雖然我現在的處境讓我覺得不舒服，但我也很難有所突破。從某方面來說，我為自己製造了一場完美的風暴：我沒有尊重自己的感受，而是把這個問題擱置，不去處理它……或是不想去面對我的感受。

西方：泰瑞莎抽到權杖八。新的事物開始進入我的世界。我對這些東西感到興奮！但這張牌的能量告訴我，如果我仍然被某件事情困住，就無法前進。

東方：泰瑞莎抽到聖杯八。牌面上顯示，有個人正準備離開。就是這樣。沒有任何困難、沒有任何猶豫。這張牌似乎在告訴我：你要鼓起勇氣離開。它似乎在告訴我：你需要離開，你自己很清楚。

北方：泰瑞莎抽到的最後一張牌是錢幣六。接下來要做的是，把我的時間和精力用來幫助別人，但同時也能讓我感覺平衡的事情。很長一段時間，我一直想放棄現在的工作，因為它耗盡了我的能量。我想要從事的新工作，比較像是一種對等的能量交換。因此對我來說，比較明智的做法是，不僅要放棄那些不能滋養我靈魂的工作，而且要把我的精力投入到對我的靈魂有益的工作上。

難以做出選擇時

當你需要做出決定，但不知道該走哪一條路時，這個「抉擇牌陣」可以幫你快速檢視所有選項的利弊得失。

步驟：洗牌，切牌，然後把牌全部疊在一起，再攤開呈扇形，分別為每一個選項各抽出一張牌。選項愈少愈好——不要有太多張牌，以免把自己搞得太累。試著把選項限定在三項之內。最後抽一張牌，代表建議。

陣型：

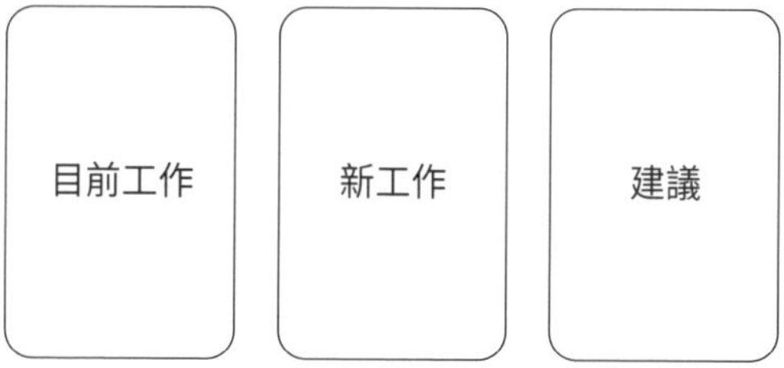

荷西對自己目前的工作感到厭倦。他的老闆是個混蛋，而且已經很久沒有給他加薪了。雖然他知道自己該去找份新工作，但還是覺得不安，因為經濟不景氣，目前這份工作雖然無法稱得上滿意，但至少很穩定，可以有一些收入。最近，有位朋友的公司提供了一個職缺，問他是否想去。聽起來是一個不錯的選擇，但荷西想先了解一下情況。

以下是荷西抽到的牌：

目前工作：荷西抽到權杖五。這是一張代表掙扎和衝突的牌，很明顯，如果他繼續從事這份工作，同樣的事情可能會不斷發生。他需要做好跟老闆抗爭的準備，這也表示，目前的工作帶給他不小的壓力。

新工作：荷西抽到聖杯九。這是一張標準的許願牌，代表他朋友提供的工作機會也許可以滿足他的需要，條件甚至比他要求的還要好。更重要的是，這張牌代表幸福快樂。跟權杖五的衝突比起來，這張牌很明顯是比較好的選擇。

建議：荷西抽到戰車牌。這是告訴他：去吧！接受新工作！就是這麼簡單。不要回頭。抓住這個機會，勇敢向前走。這是荷西一直在等待的一輛車。

設計你自己的牌陣

雖然我們針對不同情況提供了一些適用的塔羅占卜牌陣，但你心裡可能還有一些問題，沒辦法從這些牌陣找到答案。也許你遇到的情況相當讓你困擾，你需要幫自己客製化一個牌陣。沒問題，以下我們就來學習如何創造一個自己的牌陣。

設計牌陣的最簡單方法是：先針對這件事情冥想，並思考你想問的問題。然後把你的問題記下來。每一個問題都會成為這個牌陣的一部分。

舉例來說，假設你現在正處於一段有毒的關係，而你考慮分手，但你不確定現在是否合適，因為你跟對方有金錢財務上的牽扯。你對於這個狀況的思考，可能會化成以下幾個問題：

第 1 張牌：關於我跟伴侶的關係，我需要知道什麼？

第 2 張牌：現在對我最有利的行動是什麼？

第3張牌：如果我決定分手，該如何保護我的財務？
第4張牌：接下來我可以照顧自己的最佳方式是什麼？

就這樣！你已經設計出一個簡單的四張牌牌陣嘍！

讓我們實際來看一個例子。琳達用這個牌陣做了占卜。以下是她的回答：

關於我跟伴侶的關係，我需要知道什麼？琳達抽到寶劍六。我們已經度過一段相處困難的時期，現在關係似乎還不錯，但這張牌看起來卻很悲傷。這是一個象徵，代表這段關係可能會漸趨平穩，但傷害已經造成。

現在對我最有利的行動是什麼？琳達抽到錢幣王牌，這張牌讓她知道，尋求經濟獨立可能是她下一步該有的行動。如果我能經濟獨立，就不會覺得被困住！或許我現在該做的是，花時間和精神來找一份更好的工作，或是重新規劃生活開銷。尋求財務專家的建議，或許可以幫助我擬出可行的計畫。

如果我決定分手，該如何保護我的財務？琳達抽到權杖三。這張牌帶有計畫的元素在內，剛好跟錢幣王牌相當吻合。現在應該是我尋求建議的最佳時機。如果有其他人來幫忙分析利弊得失，尤其是財務上的建議，也許我會比較容易走出目前的困局，開始規劃自己的未來。當然，這張牌也是一個提醒，我需要研究一下可以把錢存在哪裡，為分手做好準備。

接下來我可以照顧自己的最佳方式是什麼？琳達抽到錢幣騎士。看來都是跟財務問題有關。事實上，如果我跟我的伴侶之間沒有牽扯到金錢，我早就離開了。這張牌訊息非常明確，對我最有利的事情就是讓自己經濟獨立。一旦做到這件事，或至少有所計畫，我就有辦法開始靠自己的力量建立安穩的生活。

做完塔羅占卜後

每次做完塔羅占卜後，重要的一件事情是，把結果放在一邊，繼續過你的生活。請克制自己不要一直問同樣的問題，只為了得到你想要的答案。這幾乎不會有幫助，而且你經常會得到含混不清的答案。

不過，有幾個問題是你在完成塔羅占卜後，可以進一步問自己的：

我如何運用我得到的訊息？

我可以採取什麼具體行動讓自己往目標前進？

思考這些問題，把你的回答寫下來。然後開始付諸行動，往自己想要的生活前進。你的未來永遠都掌握在你手中。做出勇敢、正確的決定，繼續往前走。如果你不喜歡自己現在的生活，或是塔羅牌顯示的內容，你可以改變它。因為你是老大，你說了算。

7

相信魔法

當生命似乎黑暗無光，你需要把光帶進來。這就是魔法出場的時候了。

如果你認為只有女巫或神祕學人士才能使用魔法，那我要告訴你：你就是魔法。你是由能量構成的。這意味著你自己內在就擁有足夠資源可發揮出你的最大潛力。

魔法儀式可以幫你做到這件事。所謂儀式，就是一種儀軌或一系列行為動作，當你按照規定順序來執行，就會帶來改變。儀式可以很複雜、包含多種不同活動，也可以很單純。大多數情況下，簡單才是最上乘的魔法。

什麼是魔法？

你來到這個世界是為了創造、自我表達和成長。如果將生命看作一種藝術，那麼你的生活方式就會成為你的藝術表現。你活得愈充實，就愈能帶著意識來創造，你活得愈淋漓盡致，你的表現力就愈強、範圍也愈廣闊。對我們許多人來說，找到自己的力量和目標可能是一輩子的戰鬥。畢竟我們生存的這個社會，總是努力為我們加上許多限制，要我們乖乖待在自己的「位置」。

你所渴望的和你應得的，似乎是兩樣截然不同的東西——尤其當你面對的是存在著大量操控、判斷和壓迫的世界。我們當中有些人會迴避自己的渴望，因為我們覺得自己沒有權利擁有那些東西。有些人則因為害怕實現願望之後會帶來什麼不好的結果，因而迴避自己內心的渴求。

例如，金錢對於很多人來說都是一種難纏的東西。金錢是讓我們的世界不斷運轉的其中一個要素。儘管從很多方面來說，金錢是必要的，但對金錢的無止境渴求，卻可能是一個黑暗深淵。你會聽到很多人說，金錢是「萬惡淵藪」或「必要之惡」。事實上，金錢只是一種被灌輸了意義和意圖（願望）的物品。你跟金錢的關係，可能和我跟金錢的關係完全不同。沒有誰對誰錯；它只關乎個人的信念問題。

如果你看到某些貪心的人很有錢，你可能會擔心，金錢會讓你變得貪婪。如果你看到可惡的人很有錢，你可能會害怕，金錢是不是也會讓你變成可惡之人。如果這就是你對金錢的信念，那麼你可能會完全躲開自己內心想成為有錢人的渴望。事實上，你的渴望是擁有金錢能買到的東西，而不是少數有錢人的那些心態或性格。你也可以找出另一組完全不同的信念，來證明金錢是好東西。

如果我們對金錢或其他東西的渴望，是受到目標意圖的支持，那麼意圖就會變成一股驅動力，讓你去創造、擁有和保有你想要的東西。帶有目標意圖的生活，是健康和自我實現的基礎。為了實現你的目標，必須承認你的渴望，你知道你值得擁有那些渴望，而且擁有這些渴望只是意味著你擁有某個意圖願望，以及你想要用這個意圖來做什麼事。

要知道，你值得擁有任何你想要的東西，如果那個渴望是根植於你的幸福，那麼就像樹木渴望陽光和雨水，你也可以渴望愛、幸福、豐盛和目標，因為我們真正想要的是，成為一個能夠展現真實自我、無比寬廣開闊和完整的人，我們真正想要的，是那些可以讓我們所有的人都活在豐盛宇宙中的東西。我們每一個人都值得擁有這些東西！

一個能夠展現真實自我的人，就是根植於自身靈魂之智慧和魔法的人。如果有更多人相信自己值得擁有他們所渴望的東西，我們的世界就會變得更豐盛、更流動，每個人都能在這裡各取所需。有多少樹木或花朵在吸收陽光，那完全不是重點，因為無論如何，陽光都會普照大地。大自然本身就具備生長、繁盛的意圖，而且能夠把此意圖的本質精準表現出來，並擁有一切可供利用的資源。

如果我們接受這個想法那會怎樣？事情會發生什麼變化？

這就是魔法的基礎！魔法是你內在本具的一股力量，它想要表現出來，並與萬物交流，讓自己在這個世界真正開花綻放。當你用你的意圖點燃你的渴望，並據此採取行動，你會變成一塊宇宙磁鐵，把你渴求的東西，或是能實現你渴望和表達所需的一切東西，全都吸引過來。

當你擁有某個意圖，代表你清楚自己想要什麼。我們大多數人都搞錯一件事情，我們把渴望視為一樣東西，但其實我們的渴望是一種感受。我們渴望金錢，因為我們想要感受豐盛和富裕。

意圖 Intention 這個英文字來自拉丁語 intentio，意思是「延展／stretching」或「目的／purpose」。為了在你生命中創造出奇蹟，你必須以帶有目的的意圖將你的渴望具體化，並拓展你自己，以超越你已擁有或已知的東西。無論你是否有使用意圖，你一直都在用你的信念創造你的現實。你的信念會形塑、推動和移動宇宙中的能量或振動，以支持和擴展你的信念。你一直都在創造魔法。問題是：你創造出來的魔法是否有益於你的最高福祉？

本質上來說，我們是具有創造力的存有。一直有東西從我們身上湧出，也有東西進入我們裡面。可惜的是，大多數人活在這個世界上，都沒有意識到自己的渴求，或是覺得自己不值得擁有渴望，也因此限制了自己的創造力，讓生命變成痛苦和不滿的慢性循環。如果你是用這種方式活著，那基本上你是活在別人所創造的世界。

不曉得你有無聽過這樣一句話：「如果你不想成為哪樣的人，就永遠不要接受那種人給你的建議。」那麼，你為什麼要用不符合你靈魂信念的東西來創造你的人生呢？

發現魔法就在自己身上的奧妙是，你可以在當下這一刻開始改變。當你選擇帶著意圖來過生活，你的人生就會開始發生微小轉變，最後帶來巨大改變。這跟內疚或羞恥完全無關，因為你的痛苦會為你指出一條道路，讓你找到自己的目標。痛苦和恐懼讓我們知道自己哪裡行不通。它會讓我們看到，自己在哪些方面自我局限，然後要我們去超越那個界限。如果你選擇不改變，就會繼續痛苦。

魔法是你與生俱來的能力，你可以創造任何你想要的東西，而最終目的就是實現你的一切渴望。因此，魔法會以什麼樣貌出現，是由你決定的。當你開始聆聽自己的感受，並依據那些感受做出意圖明確的行動，你就會看到魔法。這是一個永不停止的過程。你不會到達一個目標之後就停下腳步不動，因為你是一個有創造力的人，你不斷展現自己、不斷擴展自己的極限。完成一個階段之後，你會開始進化到另一個階段。

塔羅牌可以幫助你的地方在於，它能為你提供各式各樣而且深刻的方法，讓你的生活、你的渴望，以及你的靈魂本質和諧一致。你有無數機會來療癒和揭露自己內在的不同面向，以及你本性中的不同面貌。而你生命中的魔法，就是從這裡開始創造的！

塔羅占卜本身就是一種魔法，因為它開啟了改變的煉金過程。當你去探究和揭露自己的內心世界，你的能量就會開始轉變，你的故事就能重新編寫。魔法是透過能量振動來造成改變的過程，所以，任何能改變你能量振動的東西都是魔法。

任何東西都可以是魔法，從聽音樂、塔羅解牌、戶外散步，到實際執行儀軌、咒語和儀式，全部都是。這本書談的就是魔法的生活，以及如何以意圖來施展魔法。

如何創造魔法？

魔法始於意圖。如果你知道自己想要什麼，就可以去做某些事情，而那些事情會幫你吸引更多類似的經驗。

你可以把魔法想像成一座花園。你知道你想栽種出一座擁有各色花朵和令人陶醉香氣的繽紛花園。你的願望是，在現實生活中擁有一個豐富美麗的大自然空間。接著，你會去設計這個花園的造景，然後找到需要的工具和材料，將它化為真實。你必須先翻土、養地，讓土地變肥沃，然後播下種子，並給它時間長大。

魔法的施展也是同樣道理！你必須讓自己變肥沃，才能播下這些新的意圖種子，讓它們在你生命中開出美麗的花。

當你使用魔法，你必須在心理、身體、情感和性靈各個層面都達成一致，這樣你才有辦法達成你想要的結果。然後你就可以開始工作！找到你覺得合適的工具來創造改變。就像每一戶人家的花園都長得不一樣，施展魔法的方法也各有不同。

你可以用各種不同方式來創造魔法。蠟燭可以將你渴望的東西點燃，符印和符咒會吸引或阻擋你要的東西，或者最簡單的方法是使用肯定語和口頭語言來創造改變。

你是用你的魔法來表現你作品的藝術家！

以下我們列出了一些可供你在日常生活中創造魔法的咒語、儀式、技巧和練習。你可以每一種方法都去嘗試，看看哪一種最適合你，但最後你要如何施展魔法，完全取決於你個人。不要害怕探索和實驗。你也可以運用塔羅牌的圖像和元素來提供創意和方向，設計出屬於自己的咒語和儀式。

誰能使用魔法？魔法可以用來做什麼？

魔法適用於所有人。它不是一種宗教，儘管它也可能是宗教的一部分。每一種宗教都有自己的魔法儀式，因為魔法就是讓人將自己的創造力和宇宙的無限創造力相結合的一種方法。無論你信仰哪一種宗教，都可以執行魔法。

你是為了什麼目的而使用魔法，每個人的信念都不相同。我們絕不鼓勵那些會對別人造成傷害的魔法，也不鼓勵你用魔法去得到不屬於你的東西。因為我們生活在一個豐盛富裕的宇宙，因此你沒必要去做那種事。如果你是為了錢，想用魔法來賺更多錢，那其實你可以從宇宙其他管道來獲得金錢和財富，你完全沒有必要對你那位有錢的阿姨執行魔法，或對她進行任何操控。

話雖如此，魔法也確實可以用來獲得任何東西，包括愛情、財富、健康，以及幸福。任何你想得到的東西，都可以藉由魔法得到。

如何使用蠟燭魔法

火擁有不可解釋的神奇力量。我們總是對蠟燭的燭光、篝火的劈啪聲，或是遙遠天際正在燃燒的明亮星星感到無比著迷。凝視蠟燭可以讓你進入神思狀態。燭芯上優雅舞動的火焰攜帶著生命和力量，溫暖並喚醒你內在深處的某些東西。

蠟燭魔法是最古老的能量工作法之一，它完全不受時代和傳統宗派的限制。火是創造的四大元素之一，帶有遞變、再生和原初潛力的能量。因此，我們會用蠟燭來點燃我們的祈求和意圖，為我們內心的渴望注入生命，將我們生活中的負能量燃燒或轉化為正向積極的潛力。

薩欣提到他使用蠟燭的方法：

”

每天晚上我都會點蠟燭來營造氣氛和情調。我用意圖和祈禱將它們填滿，我觀想我的渴望是好奇的小飛蛾，被火焰的光芒吸引，進入到我生命。我幫個案做療癒時，經常點蠟燭來創造平靜和療癒的環境，讓願意與我們合作的友善靈魂靠近我們。蠟燭火焰散發的自然能量，確實能吸引靈魂能量。

你手上握有一種改變工具，可以幫助你召喚自己的內在魔法，並引來你想要的轉變。草藥、油和其他帶有明顯振動的古物，都可以用來幫蠟燭裝飾、祝聖，以及注入力量。蠟燭只是一種可幫助你與自己的渴望調頻的能量工具。你對這個渴望的意圖愈強烈，魔法的力量就愈強大。

使用意圖蠟燭時，請思考你是為了什麼目的而做這件事。你的意圖和渴望是魔法的核心。如果你是要吸引某些東西，可將蠟燭觀想成一道光，誘導你渴望的東西進入你生命。如果你是要清理某些東西，就觀想隨著蠟燭的逐漸融化，那些堵塞之處也跟著消失無蹤。

只要點燃一支帶有意圖的蠟燭，就能為你的生活帶來巨大改變。如果你想要求什麼東西，請拿一支新蠟燭，藉由祈禱（或肯定語）發出你的請求，然後將蠟燭點燃。把你的請求寫在一張紙上，壓在燭台座底下。把你的感謝、你的渴望、你的意圖全部傾注到火焰中，為它提供燃料。每天晚上做一次，直到你的願望實現。

人的靈體看得到自然光線。如果你生活中有人不見了，無論是失蹤或過世，可趁蠟燭剛做好、蠟還是軟的時候，把他們的名字刻在燭身側面。找一個隱密的地方把蠟燭點燃。蠟燭燃燒時，對著火焰說出你的感受。你想念的那個人會在腦子裡和心裡聽到你說的話。

請記得，蠟燭會與你的行動和意圖配合。

行動＋意圖＝結果

為了讓魔法發揮效力，你必須採取相應行動來實現你的願望。

魔法無時無刻不在

無論去到哪裡，薩欣都領受到蠟燭與魔法的強大連結力：

❞ 旅行時，我喜歡到當地教堂點蠟燭。每個地方的建築牆壁裡面都藏著特殊能量，彷彿有某種精神靈體在傾聽和回應你的祈求。倫敦、墨西哥、紐約，我每到世界一個地方，就會到當地教堂點蠟燭，每一根蠟燭都會把我的祈求輕輕送入宇宙之流。

在晚上點一支薰香蠟燭，可以讓你精神放鬆。每天晚上都這樣做，可產生一種心理暗示，讓你的頭腦和精神處在放鬆、舒緩和平靜的狀態。這時，你便能更深入你內在智慧的泉源。

把你想從生命中釋放掉的事情寫在一張空白的新紙張。找一個隱密的空間，點一根全新的黑色蠟燭。開始將你心裡的痛苦感覺傾注到這把轉化的火焰之中。隨著蠟燭的燃燒，你生命中的滯留能量也會跟著被釋放，被宇宙回收到更合適的地方。

當你帶著意圖來點蠟燭，可以仔細看看燭芯的火焰怎麼跳動、蠟怎麼融化。火焰是不是很直、很挺？有到處飄、來回擺動嗎？是否有晃動、噴濺或是很難燒起來？這些都是象徵你咒術意圖的強度和清晰度！

準備蠟燭

你可以使用各種不同類型的蠟燭，柱形蠟燭、罐裝蠟燭、小長燭和茶燭都可以。你可以根據使用的時間長短、意圖、環境來選擇合適的蠟燭。特別推薦罐裝蠟燭，因為它是一種能夠容納你願望之靈的容器。

無論你選擇哪一種類型的蠟燭，請將燃燒的蠟燭想像成你自己，把你想要的東西拉過來，或是把過去的你釋放掉，轉化成新版本的你。

你可以隨自己的喜好來決定要執行簡單的或是複雜的蠟燭魔法。如果你是使用罐裝蠟燭，可以在蠟燭點燃之前先在上面加進一些香草和植物油。如果你用的是獨立式或錐形蠟燭，可以在燭身上刻字，然後塗上植物油和藥草，為它注入更多魔法能量。

使用罐裝蠟燭或燭台時，你可以把你的願望寫成祈願文，然後摺起來壓在蠟燭底座下方。如果你想在蠟燭上刻字，可以在燭身一側寫上你的名字，另一側寫上你想要許願的單字或短句即可。

植物藥草具有特定的振動或能量頻率，有助於增強你的意圖。你可以選擇使用精油或基底混合油。也可以在蠟燭底部放一點藥草粉末，或是將已經塗油的蠟燭在混合藥草當中來回滾動，讓藥草包覆在燭身上。

若要幫蠟燭塗油，可用手指在你要使用的油上輕輕點幾下，然後從蠟燭底部開始，往燭芯方向，把蠟燭的每一面都塗上油，一邊默想你的願望，並想像它會來到你身邊。如果想要從生活中去除或釋放掉某些東西，步驟一樣，但塗油的方向要倒過來，從燭芯開始往下塗到底部。

然後，將蠟燭放在混合藥草當中來回滾動，或是在蠟燭底部四周撒上藥草碎末。同時一邊默想你的願望。

✦藥草、植物油＋礦石與願望的對應✦

愛情：玫瑰、茉莉、薰衣草。粉晶。

金錢：肉桂、羅勒、多香果、薄荷。黃鐵礦。

療癒：百里香、芸香、馬鬱蘭、永久花。茶晶。

保護：茴香籽、桉樹、牛膝草、檸檬草。黑碧璽。

萬用：廣藿香、羅勒、玫瑰。石英（白水晶）。

色彩與蠟燭魔法

用蠟燭來顯化願望非常簡單，只要點一根全新的白色蠟燭，然後發出祈求就可以了，但如果結合其他元素，則可增強願望的顯化力。比如藥草、植物油、水晶礦石，以及各種護身符咒。增強蠟燭魔法功效的一個簡單方法是，利用色彩心理學和色彩能量振動的概念。每一種顏色都有其振動頻率，你使用一種顏色，就等於按下了一個振動按鈕。運用前，可先了解各個顏色的含義。

白色：適合各種用途、純淨、神性、光明、平靜、療癒、靈性指引、第七脈輪（頂輪）。

黑色：神祕、宇宙、保護、智慧、女性神聖面向、改變、冬天、通靈。

紅色：激情、浪漫、性慾、力量、夏天、憤怒、肉體慾望、創造力、第一脈輪（海底輪）。

藍色：溝通、祝福、治療、動物、明晰度、天使、和諧／寧靜、第五脈輪（喉輪）。

綠色：大自然、春天、繁榮、精靈、療癒、大地母親／女神、第四脈輪（心輪）。

黃色：騷亂、同理心和心靈感應、土地精靈／能量、太陽、覺醒、更新、成功、力量、第三脈輪（太陽神經叢）。

紫色：通靈能力、覺察力、魔法、更高力量、天體、敏銳度、理解力、高階教育、最高成就、第六脈輪（眉心輪）。

橘色：工作、事業、健康、滋養、豐盛、道路開啟、第二脈輪（生殖輪）。

粉紅色：愛情、友誼、療癒、理解、寬恕、跟心有關的問題、第四脈輪（心輪）。

棕色：穩定、壁爐和家屋、財務狀況、工作難題、踏實接地、正義、業力、放手。

灰色：保護、隱形、恐懼、妥協、抵銷（中和）。

蠟燭魔法小祕訣

在執行任何蠟燭魔法前，請先確認你的願望。準備好材料。找一個你想要執行魔法的地點。淨化和清理你的空間，然後靜心冥想。按照你想要的方式，以藥草、植物油和其他飾物來裝飾你的蠟燭。蠟燭準備好後，對著蠟燭吹三次氣，把你的願望和意圖吹進蠟燭裡面，也把你的精氣吹進去，賦予它生命。

蠟燭魔法簡單步驟

1. 拿一張乾淨的新紙張，寫下你的願望，重複寫三遍，然後寫上你的名字或與這個願望相關的人的名字。你也可以自己創造一句肯定語，將你的意圖具體化。
2. 將紙張摺起來，盡可能摺得愈小愈好。摺的時候注意方向，如果是要吸引東西進來，就朝你的方向摺，如果是要驅除某些東西，就朝外摺。
3. 把摺好的紙壓在你準備好的蠟燭底下。
4. 用雙手握著蠟燭，或是用柔和的目光凝視著它，同時一邊專心默想你的願望，也就是你想要吸引進來或釋放出去的東西。持續數分鐘，直到你覺得已經完成。
5. 將蠟燭放在一個安全的平面上（可用錫箔紙把盤子包起來）。將蠟燭點燃，心裡繼續默想你的意圖。蠟燭燃燒時，大聲重複唸幾次你的意圖。

6．讓蠟燭全部燒盡，或是每天晚上燃燒幾分鐘，直至全部燒完。

7．如果你是暫時把蠟燭熄滅之後再重新點燃，請務必使用滅燭器將火完全熄滅，並在每次重新點燃時，重新複述你的意圖。

8．要小心用火，並時時記得，魔法是在你身上！蠟燭只是幫你創造這個改變的工具。

魔法儀式初探

保護你的頸部

日常防護是必要的。因為生活中充滿各式精神汙染。即使世界看起來似乎運轉得很好，人類依然會散發出大量的負面能量。

最好讓你自己的能量場時時保持乾淨，並受到保護。很幸運，這並不難。每天早晨，在你自己身體四周圍創造一圈金色光環，你就等於穿上了一件「靈性鎧甲」。做法如下：

安靜坐著，閉上眼睛。將注意力放在呼吸上，直到你整個人進入專注狀態。觀想一個蛋形的金光泡泡把你整個人包起來。吸氣時，想像你把這道金光吸進來。吐氣時，這圈金光也跟著往外擴展。感覺你的這道能量邊界愈來愈堅固，也愈來愈明亮。想像你整個人被金光完全包圍。

如果你願意，可以用一句話語簡要表達你的意圖，例如：「我完全受到金光的保護。只有正向能量能穿透這道金光。」

就這樣——簡單、快速，而且有效。

當你感覺踩不到地

當你出其不意受到某人攻擊，或是受到某件事的打擊，整個人覺得踩不到地、壓力很大、能量耗盡時，非常適合進行這個簡單儀式。

在椅子上坐下來，雙腳穩穩踩在地板上。

閉上眼睛，深呼吸，將氣吸到腹部。然後把氣全部吐出去。

觀想有一根繩索纏繞在你腰上，繩子一端往下伸入地底，到達地心，將熾熱、燃燒著熔岩的地心整個繞住。

深呼吸，感受腳下大地給你的安心踏實感。隨著每一次深呼吸，將地球能量引入你的身體。

你意識到自己牢牢扎根於大地，定根於中心，而且受到支撐。

當你遇到負能量的人

當你在生活中遇到思想很負面、很難相處的人，非常適合做這個「色彩觀想呼吸練習」。方法很簡單但是很有效，它可以幫你抵擋其他人傳送給你的負能量（對方可能有意，也可能自己沒有察覺，因為並不是每個人都知道自己正在散發負面情緒）。

步驟如下：

吸氣，觀想你把一道金色的光吸進你體內。

吐氣，觀想你吐出鈷藍色氣體。想像這道藍色氣體將對方整個包起來，安撫他、支持他、療癒他。這個呼吸法甚至有辦法將最難受的相處變成一次療癒的機會。

新月和滿月儀式

自古以來，月亮的神祕感就讓人無比著迷。畢竟，月球控制著潮汐，就像女性的月經週期。月亮也會影響我們的情緒。如果你曾經在滿月期間感到「不舒服」，你就明白那是什麼情況。

當你跟月亮的能量處於相同頻率，你會跟你的直覺、靈性和外部世界脈動緊緊相連。月相的盈虧週期有時也會被用來幫助我們成長和轉化。

如果你想要在你生活中或外部世界創造改變，月亮儀式是一個相當有效的方法。只要善加利用月亮的盈虧週期，你就能調整、清理你的能量，為你的願望播下種子。

✦滿月✦

滿月象徵完全成熟——在新月時許下的願望和意圖，現在已經可以實現。顯化即將到來，你已經做好萬全準備，要迎接下一次新月開始的新週期。

滿月儀式的重點應該要集中在釋放和寬恕。在滿月時刻，任何對你不再有益、無法再為你的更高目標服務的東西，都應該要被清理、被釋放。比如：自我限制的信念、有毒的習慣和行為模式、負面思想，或是讓你陷入困境的工作和事情。

當你臣服、放下，等於創造了空間，來迎接療癒和新事物的到來。為了擁有豐盛、健康的人生，你必須要能放棄那些對你無益的事物。

要進行這個儀式，需準備紙、筆、蠟燭，以及一個耐火器皿。

在滿月這一天，留出一點時間進行反思。點上蠟燭，將蠟燭放在耐火器皿中。然後問自己：我已做好準備、而且願意放下什麼事或什麼人？我需要在哪些事情上練習寬恕？

把你需要放下和原諒的所有事情或人全部寫在紙上。不限多寡。慢慢寫，對自己多點溫柔。如果你很難原諒某個人，也不要責怪自己。寬恕需要時間，而且必須是真心誠意。

你可以將這個人寫在名單裡，但很可能儀式之後幾個星期你還是會對他有負面情緒，這並不表示儀式無效。這只是意味著你是人類，對於這件事你還有功課要做。

完成清單後，靜靜坐著，跟那張清單共處幾分鐘。深呼吸，想像自己將連結繩索割斷，放下那件事，原諒那個人（或你自己），感受你內心的平靜。然後說：謝謝你，謝謝你，謝謝你。

接著，將紙張順時針旋轉九十度。在你的清單上寫下以下這幾句話：

我帶著愛、光明與平靜放手。願我得到淨化和清淨，也願所有跟這件事情有關的人都得到淨化和清淨。一切所求、如是成真。

接下來，把這張紙對摺兩次，然後用蠟燭的火焰將這張紙點燃，將它放入耐火器皿中，讓它燃燒（請務必小心。不要在容易引起火災的危險區域或附近操作此儀式）。等火全部熄滅，請用一點時間向宇宙表達感謝，感謝你學到的功課。

將蠟燭吹熄。把剩餘的灰燼包起來，找一個十字路口。一邊走過十字路口，一邊將灰燼包往你肩後拋。不要回頭看。這樣儀式就完成了。你現在已經自由。

最後，打開窗戶，用煙燻淨化這個空間，將可能殘留在裡面的能量清理乾淨。

新月象徵全新的開始和純粹潛能。這是你設定意圖、為未來播下種子的時候。將這一天當作你的嶄新起點，從這裡開始讓奇蹟發生。

這個時候的能量是完全敞開的，你的願望和目標都可以達成。這是吸引力法則顯化的時刻！

要執行這個儀式，需要準備：一支鼠尾草杖、一支筆，以及一本專門用來做新月意圖設定的筆記本。泰瑞莎這幾年已經寫了很多本這樣的筆記，一本寫滿又寫新的一本。

首先，將鼠尾草杖點燃。讓煙霧裊繞在整個空間。然後手持燃燒的鼠尾草杖，繞行房間的四個角落，也讓煙霧裊繞在你身體四周。

靜靜坐著幾分鐘，回想你生命中得到的福報。感謝宇宙賜給你現在擁有的一切，感謝你生命中所有人，以及現在這個你。對這一切說謝謝你，謝謝你，謝謝你。

接下來，在筆記本寫下你的願望。我建議一次不要超過十個。太多的話可能會發生短路現象。重要的是，你設定的意圖要跟你想要的東西一致，而且要讓你覺得開心。願望要盡可能具體，因為宇宙喜歡具體的東西。你也可以在意圖中加入「毫不費力／輕而易舉」這個副詞，這樣你就能毫不費力輕鬆實現你的願望。

舉例來說，如果你想要修復一段人際關係，你的願望可能會這樣寫：我希望毫不費力修復我跟姊姊的關係。

如果你的意圖是豐盛，那可以這樣寫：我毫不費力就將豐盛吸引到我生活各個層面。

把這件事情當成是真的那樣來寫這句話；你要想像生活中已經真的有這件事。最重要的是，要符合現實。如果你的意圖是設定跟某個名人結婚，那就是在浪費你的精力，除非你真的正在跟那位名人約會！

寫完願望清單後，請花幾分鐘時間跟它共處。觀想一下，當這個願望實現後，你的生活會是什麼樣子。你會有什麼感覺？你會有什麼行為？它會帶來什麼不同？然後，對自己說這句話：「我相信宇宙會在正確時刻，以最好的方式，為我的最高福祉，實現我的願望。」

然後將它放下，並相信宇宙已經開始運轉。

泰瑞莎有過多次願望實現的經驗：

❞我很喜歡把我的舊筆記本拿出來重新回顧。每一次都讓我驚訝，我已經實現了那麼多願望。這個練習的力量非常強大，一旦你養成習慣，就能將魔法帶入你生活的各個層面。

暗月儀式＊

暗月（The Dark Moon，或稱黑月）是指月球沒有向地球反射太陽光的這段時期。大約是在新月到來前的一或兩天。暗月發生時，在天空中是看不見月亮的；當細小的銀色新月開始出現在我們的視線中，我們就知道新月來臨。

暗月是歇息、反思、冥想和自我反省的時刻。轉向自己內在，並自問：我真正想要的是什麼？用你得到的訊息來設定你的新月意圖。這一天（或這幾天）也非常適合進行斷捨離。你想丟掉什麼東西：停滯不前的感情關係？自我限制的信念？你和你愛的人剛剛發生的一場大爭吵？把它從你的生活中驅逐出去，這樣你才能迎接真正想要的東西。

適合用來反思的問題如下：

我已做好準備、也願意捨棄的東西是什麼？

什麼東西對我的人生已經不再有益？

什麼事情在阻礙我實現我想要過的生活？

我需要面對自己的哪些陰影面信念？

＊注釋：經 The Tarot Lady 部落格許可轉載

我現在可以設定什麼目標？

哪些新習慣和想法可以推動我實現目標？

我想要收到什麼？

我已做好準備、也有意願迎接什麼東西進入我生命？

花一點時間來思考這些問題，然後把你的回答寫下來。做幾次緩慢的深呼吸。呼氣時，觀想你已經擺脫生活中不想要的那些事情。吸氣時，觀想你收到想要的東西。繼續這個呼吸和觀想練習幾分鐘，直到你感覺非常平靜、思緒清晰，然後結束這段冥想。

這是力量非常強大的一個療癒法，也是開始為你想要的生活製造能量的好方法。

罐子魔法咒

甜蜜魔法罐

當東西開始發酸，你可以讓它們重新變甜。你可以利用蜂蜜或其他甜味劑的力量，來使自己對某些人或某件事重新恢復愉快的感受。甜蜜魔法罐或蜂蜜罐在民間魔法當中已經有非常悠久的歷史，民間魔法向來擅長利用簡單物品來執行魔法。使用甜蜜魔法罐，就像在一杯苦茶中加入一大塊蜂蜜。只要一點點液態黏糊的黃金，就能將所有東西都變成美味佳餚。

甜蜜魔法罐可以用任何帶有甜味的東西來製作。蜂蜜、糖漿、糖、果醬、糖蜜——什麼都可以，而且愈甜愈好！蜂蜜是最常見的材料，但如果你喜歡，也可以將多種甜味劑混合在一起！這是一個需要靠時間緩慢釀製的魔法，因此請記得，將不同的甜味劑混合使用，可能會加速魔法效力，也可能讓它變慢。

甜蜜魔法罐的用途很多，比如愛情、人際和諧、財富，或是讓你想要的任何人或任何事情變甜，都可以用這個魔法。把罐子想像成你自己或你要施展魔法的那件事。被你加到罐子裡的東西，會慢慢跟你的能量交融在一起。傳統上，這個魔法也被稱為交感魔法（sympathetic magic，或稱交感巫術）。

首先，準備一個帶有金屬蓋的新鮮蜂蜜罐。這個蜂蜜罐會收納你所創造出來的魔法，成為一個容器和一塊磁鐵，將你渴望的東西吸引過來，或是使之增加。你可以在罐子裡加入其他不同材料，來幫助實現你的願望。金屬蓋可讓你在罐子頂部點蠟燭，促使魔法發生。

✦基本材料✦

一罐帶有金屬蓋的新鮮蜂蜜罐
羊皮紙（烘焙紙）
一個小淺碟
一支筆
磁鐵／磁石
一支適合用途的有顏色蠟燭
適合用於裝飾蠟燭的植物油
薰香或香支
用來雕刻蠟燭的小刀或針
一件代表你要處理的人或事情的魔法媒介物（例如：那個人穿過的衣服）

✦小祕訣大放送✦

薰衣草蜂蜜最適合用於同性伴侶。三葉草蜂蜜可以加速行動力。如果你使用的蜂蜜是來自當地、或是你的魔法執行對象所住的地區，那是上上之選。純正蜂蜜比人造蜂蜜好。

✦儀式步驟✦

將所有材料放在一個大托盤上。儀式開始前，先用醋、海鹽、檸檬汁或花水（Florida Water）洗一個淨化澡。罐子、蠟燭和其他工具也要一併清洗乾淨。用鼠尾草、鹽水和燈光來淨化儀式空間。如果你覺得合適，可以設下一個能量結界，但請隱密進行。

在羊皮紙上畫一個圓圈。小心地將它撕下來（不要讓圓圈破掉）。在圓圈內寫下這個人的全名，重複寫奇數次，寫成一直欄。接著將圓圈順時針旋轉九十度，然後把你的全名重複寫奇數次，同樣寫成一直欄。

想一個簡單的短句子來表達你希望發生的事情（比如你希望你們的關係變得怎樣甜蜜）。將這個短句子寫在圓圈邊緣，形成一個圓環。不要讓筆畫中斷，讓每一個字全部連在一起，形成一個完整的圓。

把薰香點燃。開始拿起每一樣物品，在煙霧中繞幾下，一次一樣物品。一邊集中你的意圖能量，一邊祈求。想像當這件事情達成後，你會有什麼感覺。

打開蜂蜜罐，吃一點點蜂蜜。然後說：

這蜂蜜很甜。（描述你想改善的事情）會更甜。

現在，將打開的蜂蜜罐放在碟子上。

然後開始把那張圓形的紙摺起來，將名字朝自己方向摺。這樣可以讓能量更靠近你。

摺紙的時候，也可以把你想要添加的個人物品一起摺在裡面。將紙對摺三次。

把摺好的紙塞進蜂蜜罐。然後開始在罐子裡加入其他物品，比如照片、水晶礦石、植物油、藥草等等。

將蓋子蓋緊。

拿起合適顏色的蠟燭，在燭身刻上這個人的名字或這件事情，以及你執行此魔法的意圖。你也可以再刻上一些符號、日期、星座符號，以及其他相關資訊。簡單的就好。

現在，幫蠟燭塗上合適的油。從蠟燭底部往中心點塗，然後再從燭芯往中心點塗。這樣可以把能量拉到你的意圖裡面。

將蠟燭固定在罐子頂部。把你的意圖大聲說三遍，然後對著蠟燭吹一口氣，把這個咒語的能量綁定在蠟燭上。現在可以點蠟燭了。集中注意力，注視蠟燭火焰，讓火燒得旺一些。

讓蠟燭全部燒完。

每個星期一、星期三和星期五重複在燭身刻字、塗油和燃燒蠟燭的過程，依據自己的需要來決定何時把這個魔法工作完成。

如果你要處理的事情是短暫性的，可在完成魔法後將罐子裡面的東西取出，然後跟黑色鹽巴一起埋在土裡。如果你執行的魔法是讓某人長期跟你保持甜蜜關係，那可以讓甜蜜魔法罐繼續運作。

鹽巴魔法罐

生活在這個快節奏的世界，保護和淨化是非常必要的工作。保護你的能量，讓你的振動免受外部世界干擾，可以讓你抵擋不必要的阻礙、障礙和痛苦情境。跟執行其他任何一種魔法一樣，你必須在你內在所有層面都同意這個魔法意圖。如果只是把魔法看成ＯＫ繃，魔法永遠不會有效。就像電影《超異能快感》（Practical Magic）裡面那位阿姨講的話：「如果你瞧不起巫術，就無法執行巫術。」

鹽巴用來作為魔法保護和淨化，由來已久。我們喜歡鹽巴魔法，是因為它具有雙重功效——既能淨化，又能保護和避邪！鹽巴魔法的執行方式非常多樣，從在洗澡水裡加鹽，到用鹽巴來建立防護結界；世界各地都有使用鹽巴去除負能量和防護、避邪的傳統。在洗澡水裡面加入一把海鹽，能夠清除你能量場當中的殘餘能量碎片，讓人完全恢復活力。如果你曾經在鹹海裡游泳，就能體會它的驚人恢復力。

薩欣也相當肯定鹽的保護力：

”

在一個魔法家庭長大，我學到很多東西，但是讓我印象深刻的簡單魔法其中之一就是，我母親會用海鹽在前門門檻畫出一條線來請求保護，阻擋任何類型的邪厄攻擊。方法很簡單：在手上握一把海鹽，對著它唸祈禱詞，保佑不受壞東西侵擾。然後用這把鹽在屋子前門和後門的門檻各畫一條線。鹽可以一直留在那裡，直到你覺得需要重新畫線。

從小到大，我跟靈魂世界有過多次奇異且有趣的交手經驗，尤其是在老房子裡面、以及具有歷史意義的地方。十幾歲的時候，有人教我把海鹽裝在小玻璃瓶裡，對著它唸祈禱詞，祈求不受惡靈或隱形訪客的侵擾，然後將鹽罐放在每個房間的窗台上。根據民間傳說，鬼魂進入房子之前必須算出瓶子裡有多少顆鹽。無論你如何看待這種做法，用鹽來作為護身符，都是一種古老且強大的魔法！

當你深入靈性修練，開始能夠辨識出自己的聲音和振動以及外部能量影響力兩者之間的差別時，你一定會想要保護自己、保護你的屋子、以及住在屋裡的人。保護自己免受其他靈體干擾的一個絕佳方法，就是製作防護魔法罐。

用來護身和避邪的罐子魔法有很多種。其中一種最普遍而眾所周知的方法叫做「女巫瓶」（a witch's bottle）。女巫瓶的主要目的是為了阻擋「惡靈」進入屋內侵擾居住者。要製作女巫瓶，需要在瓶子裡放入碎玻璃、大頭針、自己的頭髮，還有鹽巴。主要是因為，碎玻璃和大頭針的尖突可將惡靈牢牢釘住，頭髮和鹽巴則標記出這是你的領地。

製作保護罐需要準備以下物品：

- 海鹽或粗鹽
- 乾燥的羅勒葉、迷迭香和鼠尾草
- 一張全新的紙
- 被保護者的個人物品，例如一根頭髮、一張照片或一小片衣服
- 一件可以代表金錢、愛情、健康和靈性的象徵物（比如護身墜飾或護身符）
- 一個玻璃瓶或玻璃罐（果醬罐、醬料罐或藥罐都很合適）

首先，用聖水、佛羅里達花水，或直接用新鮮礦泉水來淨化你的工具。然後將你的意圖寫在一張紙上。例如：

「此屋現在受到保護，遠離一切有形無形邪厄與傷害。請保佑我們身體健康、財富豐盛、情愛圓滿、精神充實。一切所求如是成真。」

把收集來的物品全部擺在一起，雙手放在這些物品上，然後閉上眼睛，開始祈禱。你可以觀想一道白光把這些物品全部包起來，並且滲進每一個物品裡面，同時複述你的意圖。

接著，把海鹽裝進玻璃罐裡面，大約半滿。然後把寫著意圖的紙張、你的個人物品、藥草、護身符象徵物全部放在鹽巴的上層，再次複述你的意圖。

在心裡清楚默想你的願望，對著罐子裡面吹三口氣，把你的精氣吹進去，啟動罐子裡的魔法能量。吹氣是一種相當常見的咒術做法。主要是將自己的一部分精氣送進你正在執行的魔法中，賦予它生命力。

現在，把剩餘的鹽放進罐子裡，將罐子填滿。最後重複一次你的意圖，然後蓋上蓋子。將這個魔法保護罐放在前門附近或客廳。這個罐子有兩種作用：一方面它可以吸收並過濾家中的任何負能量，同時讓屋內的人被包覆在一層能量保護層中。

如果你想在門檻畫出結界線，或是進行淨化浴，可以使用罐子裡的鹽。最上面一層鹽用掉之後，再用新的鹽把它填滿就可以了，記得添加鹽巴時要注入你的意圖。

以上這些儀式都很簡單，可以幫助你應對生活中的各種不順遂之事。可以根據你的需要來選擇要進行哪一種魔法。要全部嘗試一遍也可以。總之就是，把魔法帶入你的生活中！

順便提醒一點小常識：

請記得，雖然魔法、塔羅牌，以及其他療癒法可以提供一些幫助，但你還是需要好好去面對你的生活。如果你想看到魔法在現實生活中展現成果，就需要積極主動去解決問題。意思是，你要採取相應的行動來創造改變，或者，在某些情況下，開口尋求協助。

有一些事情是無法藉由靈性工具輕易解決的。比如說，一個生活窮困的人可能很難藉由靈性工具來得到有助於他們擺脫困境的東西。雖然儀式可以幫忙創造正向能量，但實際上的經濟援助、職業培訓或是親友們的支援等，這些資源則更有助於改變他們的處境。

我們可能都有同感，大多數人都想要有房子、金錢、食物、愛情、健康、好的教育和機運，但生命並不是對所有人都那麼公平。現實中存在的壓迫、疾病、貧窮，以及缺乏教育或機會，可能會阻礙某些人實現他們想要的生活。遇到這種情況，除非有其他人給予支持幫助，否則世界上所有的願望和魔法都無法帶來改變。

如果你發現自己因爲經濟、心理、身體、年齡或其他原因而面臨限制，使你很難改變自己的處境，請在做靈性工作之外也同時尋求適當協助。向人請求協助並不丟臉，因為它往往能讓你的生活真正改變。

最後要說的是：

你可能會聽到人們在談論吸引力法則——你的心態創造你的現實。雖然這有一定的道理，但也要知道，事情並非如此簡單。很多事情跟心態無關，但每一件事情都跟你無法控制的事情有關。

舉個例子：說某人得了癌症是因為他們有負面想法才讓他們「染上」癌症，這種說法不僅觀念錯誤，而且也是在責難受害者。這只會讓人產生不好的感覺，因為那是一種精神羞辱，而且結果通常適得其反。

請用一點常識和慈悲心，去看待那些可能沒有你那麼幸運的人。

第三部

入世

關心群體

親愛的探索者和善良的靈魂，你已經完成內在工作，現在該是關心整個世界的時候了。這部分章節所提供的知識，將幫助你了解我們的世界有哪些陰影正在運作，這樣你就能開始思考如何將光明帶進來。

無論你走的是出世路線還是入世路線，都要知道，你的參與，無論大小多寡，都會對世界產生影響。

THE WORLD:

A Focus on the Collective

8

這一年情勢如何？

好的，之前你已經算出屬於個人的原型，也準備開始來使用它。接下來呢？下一步就是找出這股宇宙能量流的當前特性。它不斷在變動。也就是說，在一年之初，守衛就會換人。類似這個意思。

算出流年牌＋相關資訊

每一年都會受到特定大牌能量的影響。算出流年牌，可以讓我們了解今年的主要課題和能量狀態，以及我們該如何應對這一整年的情勢，給予自己支持。

流年牌的算法：將該年年份數字相加，讓總和介於1到22之間，就可得到流年牌。

舉例來說：2019年的流年牌是2＋0＋1＋9＝12，吊人牌。

從正面意義來看，吊人流年會是一段艱困時期，代表需要有所犧牲、需要全新視角和信念盼望的一年。從陰影面來說，可能意味著背叛、放棄、不符正義的犧牲。這一年，可能需要每個人為群體利益做出一點犧牲。如果我們能找出適當做法，所有人都能跟著提升。當然，如果這張牌的負面影響力居主導地位，我們可能會發現自己面臨經濟不穩定和緊縮政策，讓社會最需要幫助的一群人處境雪上加霜。如果我們進一步把金援砍除，有人可能會覺得自己變成「社會的棄子」。

以下整理了每一張流年牌的相關資訊，這只是讓你看看這一年的能量可能會如何流動。不是預測，也不是唯一答案。隨著這一年的展開，你會更清楚看到是這張牌的哪一面在發揮作用。

每一張牌都包含了該流年的光明面和陰影面，還有一句建議性質的正向肯定語。由於年份總和不可能為零，所以愚人牌的數字設定為22。

1
魔術師

✦

肯定語：「我們創造一個全新願景。」

光明面：大展身手／革新的一年、運用權力讓世界變得更好

陰影面：權謀詭計、濫用權力

2
女祭司

✦

肯定語：「我們崇敬女性陰柔智慧。」

光明面：女性陰柔智慧、對玄祕世界產生濃厚興趣

陰影面：對女性的壓迫、祕密進行某些事情

3
女皇

✦

肯定語：「我們關懷和造福我們所屬的群體。」

光明面：關愛地球＋弱勢群體、母親＋小孩

陰影面：壓迫＋虐待婦女、兒童、冷漠、漠不關心、「我最大」心態

4
皇帝

肯定語：「我們負起責任，保護和保全自己所屬的族群。」

光明面：權威、照顧不幸的人、父親能量

陰影面：壓迫、主宰、控制他人、破壞環境、耗盡資源、戰爭

5
教皇

肯定語：「我們為彼此保留空間。」

光明面：重視靈性面＋教育、慈善

陰影面：不寬容、教條、宗教統治、藉由宗教信仰壓迫別人

6
戀人

肯定語：「我們全都休戚與共。」

光明面：重視溝通、慈愛、手足情誼、平等相待

陰影面：性方面的問題、無法溝通或觀點不一致、自私自利

7
戰車

✦

肯定語：「我們逐漸取得進展。」

光明面：進步、往前推進

陰影面：壓迫、掌控、戰爭

8
力量

✦

肯定語：「我們藉由聽取對方意見來克服困難。」

光明面：解決衝突、締結和平條約

陰影面：取得控制權、踏入不屬於我們的地方、強權即公理

9
隱士

✦

肯定語：「我們藉由關心自身福祉來支持我們的所屬族群。」

光明面：智慧、內省、專注於教育＋靈性成長、平靜

陰影面：重複歷史錯誤、無法從過去經驗學到教訓

10
命運之輪

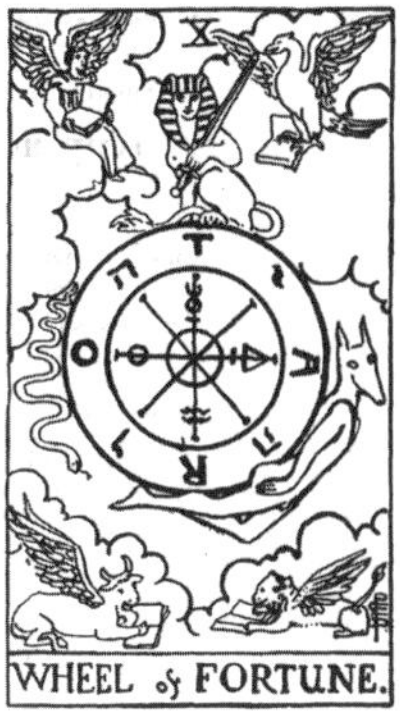

肯定語：「我們都處於變動當中。」

光明面：關鍵的一年＋很多變化、有好也有壞

陰影面：命中注定的或我們無法控制之事（例如：天然災害）、政治變革和動盪、倒退

11
正義

肯定語：「我們做的事情是正確的。」

光明面：符合所有人的公平＋正義、社會公義、關心社會、可讓社會變好的法律規範

陰影面：不公平、不正義、不公平的法律、壓迫、獨裁者、不寬容

12
吊人

肯定語：「我們尊重不確定性，並從中學習。」

光明面：艱難時期的犧牲、全新的觀點、信念

陰影面：背叛、放棄、不符正義的犧牲

13
死神

✦

肯定語：「我們放下過去，帶著智慧走向未來。」

光明面：重大變化、淘汰舊東西

陰影面：混亂的變化、不受歡迎的變化、懸而未決或抗拒改變

14
節制

✦

肯定語：「我們離平衡又更近一步。」

光明面：平衡、平靜、調和

陰影面：失衡、不平靜、戰爭、毀壞

15
惡魔

✦

肯定語：「我們面對即將到來的黑暗。」

光明面：面對我們自身的惡魔

陰影面：權力爭奪、壓迫、損人利己、邪惡

16
高塔

✦

肯定語：「我們正在改變體制。」

光明面：革命、解放、先拆毀後重建

陰影面：抗拒、惡意併購、爭奪戰、恐懼

17
星星

✦

肯定語：「我們正在療癒自己的傷口，夢想嶄新的未來。」

光明面：重現希望、療癒、關心他人、重建

陰影面：不願面對現實、絕望、生病、毒害環境

18
月亮

✦

肯定語：「我們看穿表面假象。」

光明面：本能直覺、面對陰影、動物權利

陰影面：缺乏清晰度、恐懼、焦慮、錯覺幻想、事物十人並非如表面所見、被愚弄、敵人

19
太陽

肯定語：「我們培育未來的種子。」

光明面：快樂、成功、跟兒童有關的議題

陰影面：不成熟、壓迫兒童

20
審判

肯定語：「我們正在除舊布新。」

光明面：過渡期、重大變化、結束人生的一個階段

陰影面：批判、不寬容、種族主義

21
世界

肯定語：「所有人皆是一體。」

光明面：成功、圓滿、關愛地球母親、普世議題、融合

陰影面：被俗世問題困擾、世界大戰、大自然災害、氣候變遷、分離分化

22 (0)

愚人

肯定語：「我們進入未知。」

光明面：典範轉移、進入未知領域、新體制、正在前進中

陰影面：忽視過去的經驗智慧、權力的衰落、忘記初衷／目的／目標

個人生日原型牌和流年原型牌都有了。接下來要如何運用這些資訊？

其實相當簡單：用這些資訊來判斷，你的能量如何跟世界正在發生的事情做出最佳配合，然後依據這個方向來行事。舉例來說，如果你的生日牌是皇帝牌，而這一年是吊人流年，你會如何扮演領導者角色？為了確保他人能夠過安穩安全的生活，你願意做出哪些犧牲？可能是擔任鄰里貧困族群的社區組織者。或是加入一個專為邊緣青少年族群提供指導諮詢的團體。如果你還沒準備好要發揮你的入世角色，也可以選擇盡你所能來保障家人的安全，讓他們安心。

再舉一個例子。如果你的生日原型牌是正義牌，而這一年是死神流年，你會怎麼做？正義原型關心的是平等或所有大眾，而死神牌則是象徵終結舊模式、導入新做法。

那麼，今年你或許會決定參與跟維護公民權益有關的事情。你不會只是期望事情改變，而會想要透過為眾人伸張正義來實踐這件事。隱士原型的人則可能會選擇藉由收集資訊、提出實際的改革做法來教育大眾。在一個推動公平正義的陳抗組織中，女祭司原型的人可能比較喜歡擔任幕後推動的工作。

重要的是要知道，你的能量最能勝任什麼事情，然後帶著意圖去做這件事。

如果你的生日原型牌有兩張，你可以選擇其中一種原型角色，甚至可以根據實際需要，兩種原型都使用。以下是泰瑞莎分享的經驗：

”

我的原型是正義，編號11，再加一次就變成數字2，女祭司原型。年輕時代，我在一份小型的地下報刊擔任攝影師。我有一台不錯的相機，而且對社會正義議題極感興趣，所以相當能夠勝任這份工作！

當時，我們關心的是社區中產階級化的問題，尤其對無家可歸的遊民可能造成負面影響。當時爆發多起示威和暴動，我的工作就是進到示威現場拍攝照片。我身材嬌小而且動作敏捷，非常有利於近距離拍攝。工作興致非常高昂，直到在一次示威中被捕，我發現我跟一群女性關在一起，她們大多是因為吸毒或鬥毆等相關情事被關在那裡。之後我還是做了一陣子拍攝工作，我發現自己的內向性格比較喜歡危險性小的事情。

我不再站到第一線，也不再參加示威遊行。我把精力改為放在分享知識、幫助人們找到精神面的解決方法，並盡我所能提供時間和資源。有時，正義原型還是會出現，但相較起來，我比較喜歡擔任女祭司。

請記得，你也可以嘗試別種你認為適合擔任的原型。如果你覺得你需要扮演教皇角色，雖然你的生日牌是力量，那麼也不妨嘗試一下，看會有什麼結果。你認為，跟你的生日原型牌比起來，你更能勝任其他角色嗎？嘗試不同能量，給你什麼感覺？從不同的角色位置，你可以學到什麼？你如何將你從新原型角色中學到的東西，跟你的生日原型牌相結合？

流年肯定語的實際運用

流年肯定語的目的是創造一個正向焦點，讓你跟這張牌的最高振動保持頻率一致。流年肯定語的運用方式有很多種。

- 首先，將流年肯定語跟當前世界發生的事情放在一起思考。舉例來說，吊人流年的正向肯定語是：「我們尊重不確定性，並從中學習。」你對這句話是否有共鳴？

你覺得這一年相當具挑戰性？還是令人安心？當你思考你的國家或全世界正在發生的事情時，是否有感受到這股能量？如果有，請花點時間思考這個問題，並保持開放心態。請記得：正向肯定語是讓你跟自己重新連線、進行內在對話的方式。雖然宇宙可能會端出一堆垃圾在你面前，但你如何看待那些訊息，然後好好面對這個情況，這非常重要。你可以對負面想法舉白旗，也可以用正向思維來應付這股能量。肯定語可以幫助我們讓能量轉向，這樣你就能寫出新的敘事。此外，正向肯定語也能啟發我們的靈感，在緊急時刻拉我們一把。以流年牌來說，肯定語可以幫助你把注意力繼續放在更高福祉上，並且實際付諸行動。

- 把正向肯定語寫在你每天都看得到的地方。可以用便利貼，貼在電腦螢幕或浴室鏡子上，提醒自己專注於你想要看到的結果。每次看到那句肯定語，你都會得到充電，更重要的是，它可以提醒你保持正向積極的心態，無論外面發生什麼。
- 盡可能不斷複述這句肯定語。早晨起床後、晚上睡覺前、靜坐冥想當中，都不斷複述。尤其是當你對世界正在發生的事情感到焦慮時，請大聲說出來。這會幫助你繼續懷抱著希望，有力氣來對抗負面能量，以及新聞報導中不斷重複放送的壞消息。
- 跟一群人一起大聲唸出肯定語，可以帶給彼此力量。無論是定期進行團體冥想，或是領導和平抗議，不妨想像一下，集體大聲唸出正向訊息可以激發多少正向能量！

- 最重要的是，讓肯定語激勵你成為造福世界的一股正向力量。如果我們每一個人都發揮自己的一份力量，成為正向榜樣，並致力做出改變，那就沒有什麼事情是辦不到的——無論事態看起來如何黑暗。我們每一個人都是光的存有，只要齊心協力，就能驅逐黑暗！

作業練習

回顧歷史上發生的事情，並算出該年度的流年牌。

那年發生什麼事？

當年度的流年原型顯示出何種能量？

當年的陰影面是什麼情況？

在筆記本寫下你的想法。

9

身體政治

如果你有從原型牌得到靈感，可能會發現自己想要做更多事。但如何讓自己成為一股正向力量呢？成為盟友是什麼意思？如何讓別人聽到你的聲音？你想競選公職嗎？或是想要成為哪個領域的領袖？

這個世界總是需要改革家，即使在看似一切和平的時期。我們每一個人都必須充分發揮自己的角色職責，讓這個星球能夠繼續繁榮運轉。善良、包容、慈悲的精神可以帶來療癒。

首先我們先來探討「社會運動參與者」的定義。社會運動參與者／社運人士（activist）就是致力於帶動社會變革的人。他們可能是站在街頭遊行隊伍第一線的那群人，也可能是積極參與公職選舉的人。社會運動未必都是顯性的。有時，透過藝術或音樂的激進表現也能產生影響力。甚至可以說，教育你身邊周圍的人，也是一種社會運動。

我們每一個人都可以成為對抗無知和黑暗的戰士。

每個人都可發揮一己之力。至於要用什麼方式，則是由你決定。你可能會認為自己的行動微不足道，但你要知道，那些行動就像一隻蝴蝶的翅膀，可以掀起一場風暴，改變社會風氣，為嶄新的社會開創出一條康莊大道。永遠不要低估自己的力量！

有幾個問題，值得你問自己：我能做什麼事情來改變這個世界、更符合社會公義？我如何盡我所能，成為黑暗時代的光明之源？

成為正向力量的第一步，始於一個最簡單的原則：傾聽。

溝通與留出空間

溝通是事情能否順利成功的關鍵。真正的溝通，不僅是要清楚表達你的意圖，你也需要傾聽。你必須真正傾聽對方的聲音，才能了解如何為對方提供最好的服務、知道他們能為你提供什麼服務，以及雙方是否能夠互惠。

溝通有多種運作方式

你用什麼方式表達自己，等於在為雙方互動和夥伴關係奠定基調。它可以促成雙方關係、成就一件事情，也可能造成破壞。溝通就是針對特定情境，向對方表達你的期望、需要或你可以提供的東西。

溝通是一種穩固契約。雙方交涉時，會顯示出彼此關係的深度、交涉目的以及交涉結果。因此你必須對自己的立場和對方的立場都非常清楚才行。

你在跟別人溝通，別人也在跟你溝通。

能夠傾聽，意味著能夠真正聽到對方在說什麼，而不忙著準備回應。回應是之後的事。真正的傾聽是指，給對方一個表達其意圖的機會。然後，你才能真正知道整件事情的目的是什麼。有時候，你需要給出回應。有時候，是不說任何一句話保持客觀靜默。還有一些時候，是意味著結束對話，因為你無法參與其中。有時，什麼都不說的本身就是一個響亮而清晰的訊息！

請記得，溝通是雙向的。這種關係可能僅存在短暫時間，也可能持續一輩子。它是一種雙方的相互約定，同意讓對方表達，同時為彼此留出空間。它會決定溝通的去向結果，以及此次溝通能否滿足所有關係人的最大利益。

- 口頭言語和書面訊息
- 傳達與宣布
- 靜默 vs. 回應

- 肢體語言和視覺線索
- 聆聽／留出空間

聆聽他人說話，即使我們可能不同意他們的觀點，也能讓我們生起悲憫心去理解對方。唯有站在這個立足點上，真正的改變才可能實現。

接下來，是勇敢站出來——並說出真心話。

什麼原因你不敢站出來說話？

堅持正確之事是一種有勇氣的行為。它不需要很激進，也不需要公開聲明。即便如此，很多人還是對參與社會運動或表明自身立場感到害怕。

「我不知道該從哪裡開始」或「我不想給家人惹麻煩」等這類想法，可能就是你不敢站出來的原因。但要知道：每一個行動都必須有個起點。我們應該以羅莎．帕克斯（Rosa Parks）這樣的勇者為榜樣，她只不過是拒絕在公車上讓座給白人這麼單純的行為，就點燃了美國的民權運動。看似微不足道的反抗行為，卻需要巨大的勇氣——而它確實改變了歷史。

我們一次又一次看到：有人站出來說不可以、這樣不公平、這樣是不對的——而且採取了具體行動。這些行動，不管再小，都可聚沙成塔。

如果你對付諸行動有所遲疑，那就好好去探究它。你可能會發現，除了擔心之外，其實沒什麼好怕的。以下是一般人最常見的幾種擔心：

覺得自己沒有時間：如果你工作非常忙碌、甚至已經超過負荷，你可能真的沒有時間。這是我們許多人都會碰到的問題。但你還是可以找出一些容易做到、不需要花太多時間的事情。比如說，你可以參與線上連署請願，或捐款給慈善機構。甚至在社群媒體上分享一則貼文，就能引起人們的關注。試著找出一些不用太花時間的方法，然後下定決心讓它成為一種你的日常。

覺得自己沒有資源：手頭很緊嗎？這也不是問題。即使是小額捐款也能創造改變。舉一個實際例子：美國前總統歐巴馬參選時，就是靠很多的小額捐款累積了競選經費。如果你身上沒什麼錢，也可以考慮當志工。參與的人愈多愈好。或許只要一個人就能讓事情開始運作，但如果有一大群人參與，成果會更快顯現。

不確定哪個議題最重要：每個議題都很重要。找一個你最有共鳴的議題，從那裡開始。比如：兒童醫療保健問題、殘疾人士的基本人權，或是氣候變遷。每一項社會運動都很需要人力。讓你的心來決定，然後投身進去！你可能會發現，除了寵物議題，你還想關心其他事情。很好！

擔心家人覺得難堪或生氣：或許你跟你的親朋好友各自擁有不同的政治理念，但請不要讓這件事使你裹足不前。請記得：他們有表達自己意見的權利，你也有。不要因爲別人的意見而叫自己噤聲。同樣的，你也要尊重他們的選擇。當個有禮貌的人，樹立優雅的風範。畢竟，我們是一個共同體，所有人都休戚與共。未必每一件事情都要看法相同！

體能上做不到：如果你本身有肢體上的限制，可能會認為自己無法參與社會運動。事實並非如此！你可以做的事情很多，比如：打電話給你的民意代表，或是把你欣賞的社會運動寫成文章，發表在部落格上，這等於是在網路上發聲。可能還有一些情況，比如，你想要參加某個示威遊行，但是你坐輪椅，那可能就需要請朋友幫忙載你一程，而且陪你一起參加活動。有需要就請求協助——然後做你該做的事！

擔心家住很遠：如果確實有路途距離的問題，那有幾種做法可以考慮。你可以把同樣關心該議題的人集合起來，大家一起租遊覽車。雖然路途遙遠，但如果把資源集合起來，預算開銷的問題就比較好解決。另外，也可以考慮一群人一起自駕公路旅行，應該會很好玩！如果這不符合你的行事作風，請記得，網路是你的好朋友。分享相關活動訊息，也是一種出席方式，雖然你本人無法真的到場。

認為自己年紀太輕：嘿，沒有太年輕這回事喲！很多社會運動都是由年輕人發起的！無論是在街頭遊行中舉標語，或是在學校發起募款活動，都可以發揮你的角色。

認為自己年紀太大：同上文。就算你是老人，也有發言權，而且還能貢獻許多人生經驗。勇敢站出來！我們需要有智慧的長輩！（對了……投票也是表達觀點的一種方式唷。）

擔心自己會受傷：這是一種合理的擔心，因為示威活動可能會變成一場混戰。如果你真的很害怕，那現場活動可能不適合你。但如果你還是想參加遊行或其他陳抗活動，請結伴同行。人多會比較安全！如果真的有暴力事件發生，請儘速離開現場。如果你本人受傷，或看到有其他人受傷，請務必尋求幫忙。

擔心伴侶反對：如果你的伴侶不允許你參與社會運動，那麼你們的關係可能有一些問題需要討論。任何人都沒有權利阻止你去做你認為對的事。或許可以找個時間坐下來，讓對方談談自己的擔憂。他們是擔心你受傷嗎？還是擔心你沒有時間陪家人？是否因為理念不同？還是想要掌控一切？好好談談，如果你們能夠互相各讓一步，那很好。如果對方完全不講道理，那麼現在可能是你認真思考雙方關係的時候了。

以上只是可能阻止你站出來參與社會運動的一些情況。你必須知道：你並不孤單。我們大多數人都會害怕、會緊張，或是因為現實生活的複雜，讓我們覺得自己無法發揮用處。但是請不要害怕，放輕鬆，做我們能做的事就好。

你不需要站上街頭第一線，也不需要殺小豬捐出全部零錢。任何行動，就算看似最微小的一個舉動，都能產生影響。你的參與才是重點。

做個深呼吸，告訴自己，你的貢獻對世界很重要。

正義練習——以塔羅作為你改變世界的工具

我們的朋友柯特妮・韋伯（Courtney Weber）是《一個人的塔羅：為自己解牌的藝術》（*Tarot for One: The Art of Reading for Yourself*）這本書的作者，如果你想改變世界，但不確定第一步該怎麼走，這本書為你提供了一個很棒的塔羅練習。

柯特妮說，我們每一個人都有一項自己特別關心在意的事——也就是所謂「鞋子裡的那顆小石子」——除非我們停下來解決它，否則很難繼續往前走。對某些人來說，這顆小石頭可能是受虐的動物或無家可歸的浪浪。對另一些人來說，那顆石頭是工人權益。對其他人來說，是環境保護、爭取公平薪資，或是其他議題。這張清單可能長到沒有盡頭，但對於我們關心在意的議題，我們可以做的事情還是很多，而且只需要用到我們手上既有的工具。

那些工具是什麼？

首先，在一張白紙上畫一個十字，形成四個象限。在第一個象限寫上標題：我擅長而且喜歡的事。第二個象限標題：我擅長但不喜歡的事。第三個象限：我不擅長但喜歡的事。第四個象限：我不擅長也不喜歡的事。

然後針對每一個象限各列出一張清單。不要不好意思、不要害怕自誇！如果你擅長某件事，就大大方方把它列上去！你關心的議題已經瀕臨危急！

清單完成後，花幾分鐘思考這個問題：我如何在我目前的工作中實踐這些事情？每個象限各抽一張塔羅牌。

柯特妮用她自己的抽牌結果為例：

”

在我喜歡且擅長的事情上，我抽到寶劍王牌，我對這張牌的解釋是：有效完成工作的利器。對這個象限的解讀是：我喜歡且擅長的這些事情，確實能夠幫助我所關心和支持的公眾議題。或許我可以烤餅乾給上街抗議的人吃，或是幫他們籌劃募款活動。

在我不喜歡但擅長的事情上，我抽到太陽。我對這個象限的解釋是：在這些領域我確實表現優異，不過，太陽也會讓東西起火燃燒，因此我可能需要限縮我花在組織遊行的時間，否則有可能把自己搞垮（燃燒殆盡）。

在我喜歡但不擅長的事情上，我抽到求道者（愚人牌的別稱）。從這張牌的牌義來看，我在這些領域有成長的潛力。如果我花更多時間練習吉他，或許就能在靜坐抗議時貢獻一點音樂！

最後，在我不喜歡也不擅長的事情上，我抽到權杖王牌。我認為權杖王牌代表純粹潛力和未開發的天賦。雖然我個人非常討厭使用科技產品，但或許隨著使用經驗增加，我會比較適應，而且愈來愈得心應手。在市政廳會議期間，如果有人可以修理投影機，那一定能幫上大忙！

餐桌上的政治

我們的世界觀是在家庭中養成的。從很小開始，我們就不斷聽父母親談論他們關心的事，以及他們的政治理念。就算你是來自一個完全不關心政治的家庭，除非你獨自離群索居，否則，偶爾你還是會聽到身邊的人談論世界上發生的事。尤其在世局緊張時，更是如此。這些討論的進行方式和內容，可能會決定你的感受，以及你的行動作為。

你家裡有人從事政治工作嗎？
如果有，你對這件事情看法如何？
你的家人對種族歧視有何看法？
你的家人討論過性別歧視問題嗎？

家裡有討論過ＬＧＴＢＱ（同性戀雙性戀跨性等）議題嗎？

你家裡討論政治的方式是否理性文明？如果不是，那給你什麼感覺？

你現在的政治理念跟你小時候接受到的理念有很大差異嗎？如果有，為什麼？

現在你用什麼方式在家裡談論社會議題？

泰瑞莎分享了她自己的情況：

”

我對政治的興趣，是很小的時候在家裡餐桌上被啟蒙的。政治經常是我們家人談論的話題，因此記憶中我經常聽到父親談論世界大事。雖然我那時還太小，無法理解他在說什麼，但我知道要注意聽。

經濟大蕭條時，我父親正值青年時期，所以他很清楚真正的窮困潦倒是什麼樣子。他總是熱血談論著羅斯福總統，以及他的政策如何讓這個國家變得更好。在我們家，投票被認為是每個人應承擔的最重要一項公民義務，我的父母親都再三告訴我們，投票對我們國家的民主有多重要。

青少年時期，我的政治觀跟我的音樂傾向完全一致。十二歲時，我發現了龐克搖滾，它完全塑造了我的觀點。跟父母親一樣，我信仰民主，也挺弱勢。但我也開始關注女權主義、階級歧視、性別歧視、恐同，以及遊民困境等議題。

成年之後，我開始在一家無政府主義報刊工作，這完全不是意外。事實上，我涉足此一領域，並非單純只因為我對政治的興趣，也因為我碰巧擁有一台不錯的相機。突然，我發現自己開始參與街頭抗議，拍攝了許多示威和暴動的照片，後來更積極投入跟遊民有關的運動。我的興致非常高昂，而且學到很多東西。

之後，我離開了新聞報導第一線，轉而以不同的方式積極參與政治議題，包括慈善事業法案、分析新聞輿情、分享訊息，以及投票等。跟我父親一樣，我也培養我的孩子對政治保持興趣。我的兩個小孩對政治議題都很積極。從為他們支持的候選人拉票，到上街抗議、參加燭光晚會，以及捐款給慈善機構，我為他們的勇於行動感到自豪。

我父親應該也會為此感到驕傲吧。但他應該不會意外，因為當我孩子還很小的時候，有一次我們在餐桌上激烈辯論。那也是唯一一次，我跟我父親因為看法不同而起爭執。

孩子們大口大口吃著豬排，我則忙著和我父母爭論。那年剛好遇到總統大選，他們決定投票反對一項攸關他們切身利益的法案，因為他們從新聞中聽到了一些負面報導。氣氛變得有點緊張，我必須向他們仔細說明，他們投下的票會如何傷害他們長久以來關心的社會安全保障政策，我父親當時反對的那件事情，對很多美國人來說都是一個重要轉捩點，羅斯福總統當時設立的制度，正是後來讓我父母親能夠安享老年生活的關鍵。

這場辯論帶來了兩個影響：我父母親從此沒有再投票反對攸關他們切身利益的政策，我的兩個孩子也學習到，政治是他們需要高度關心的事情，因為若選出錯誤的人執政，很多人的權益會因此受損。

或許你有興趣參與政治，是因為你看到一些事情正在發生；也許你已經在盡自己的職責。如果你過去不關心，但現在想要開始做些事情，就算很小的舉動，都可以改變潮流往你期待的方向前進。你要做的只是站出來，做一點事情，這樣就夠了。

可以做哪些事情呢？比如說，掌握時事動態、當一個知情的選民，出席地方政府舉辦的會議，教育你身邊的親朋好友，選舉期間幫候選人拉票，或是自己出來競選公職。就算再小的事情，都能帶來改變！我們每一個人都是這世界的一分子，如果我們都各自盡己所能去創造正向改變，你可以想想看，這個世界會成為什麼樣子！我們真的可以走出黑暗，迎向光明。

你是這個世界的重要組成分子。加油！不要把頭埋在沙子裡，也不要太過頑固、不包容其他觀點。就從餐桌上的對話開始吧！從那裡踏出第一步。然後，做你的程度能做的事。每一個人都可以！

在局勢艱難的黑暗時期，你可以試著從這些事情開啟對話：

如果此時你是執政者，你會採取的第一個行動是什麼？

在你看來，你認為當前最重要的政治議題是什麼？

你認為怎樣才是一個好的政治家？

你認為當前全世界最重大的政治議題是什麼？

你認為誰是歷史上最有影響力的政治家？為什麼？

你年輕時最關心的政治議題是什麼？

當你思考國家的未來時，你最關心的是什麼？

如果我們每個人都做一件事情，世界就可以變得更好，你認為那件事會是什麼？

跟家人討論政治時，你也需要考慮以下幾件事：

要注意餐桌上有哪些人。如果彼此觀點差異很大，你可能需要問自己，為什麼要展開這場對話。這樣的對話有效嗎？有沒有可能在不吵架的情況下討論問題？有時，對方的不同觀點可能帶來啟發，但有時，實在不值得跟你那位好戰的叔叔大吵大鬧。

務必牢記，即使進行最開明的對話，你也可能無法改變任何人的想法。如果你能接受這件事，討論可能會更有成效。請記得：每個人都有權發表自己的意見，不管你喜不喜歡，還是要尊重對方，即使你完全不同意你聽到的觀點。

要發表意見，同時也要聆聽別人說話。不要只想著表達自己的看法，而對別人的想法無禮。就算你不同意，也要好好聆聽、並請對方說明清楚，這樣對方就會覺得受到尊重。

如果你感覺自己開始出現憤怒情緒，請退一步冷靜下來。如果對方生氣了，雙方都知道無法達成共識，那就結束對話。雖然激烈辯論並無不對，但如果超過界線，變成尖銳傷人，那麼沒有人會是贏家。要懂得適可而止，趕快踩煞車。

另外，如果有人語帶粗魯、使用辱罵字眼，或出現涉及種族歧視、恐同、性別歧視、殘疾歧視或階級歧視等這類語言，請大聲斥責。接受不同觀點並不代表可以縱容辱罵和誹謗性語言。你要讓他們知道，只要有你在場，絕不容許這種事情發生。

遵循以上這些建議，你的餐桌就可以成為你的家人學習如何溝通和參與民主的地方。想參與更大型的社會運動，不妨從家裡開始。

如何成為盟友

什麼是盟友／支持者（ally）？就是一個擁有特權的人，願意站出來承擔責任，改變社會上的各種壓迫模式，比如種族歧視、性別歧視、恐同、殘疾歧視，以及階級歧視等。

以上列出的，只是各式各樣受壓迫族群的其中幾個例子而已。

盟友承認自己的特權和自己的壓迫經驗，即使他們並非某個邊緣族群的一員，他們也會努力去了解那個族群，並盡一切可能來支持他們。他們和邊緣族群站在同一邊，並肩作戰，而且願意扛起重擔，盡己之力來理解、教育，以及反抗系統性的壓迫。

什麼是特權？

特權就是：社會特定族群或擁有特定身分的人，非經努力就獲得或享有的優勢或利益。擁有特權的人，往往不會意識到自己享有不勞而獲的優勢，但是被邊緣化的族群，卻很清楚壓迫是什麼模樣、什麼感覺。

以下是幾種常見的特權：

- 白人
- 男性
- 獲取商業機會之特權
- 異性戀
- 肢體健全者
- 順性別

如果你屬於以上這幾種人之一，那你就擁有特權。特權的例子還有很多，這些只是最常見的幾種。

擁有特權並不代表你的人生一切輕鬆順遂。你還是可能遇到困難挑戰，但如果你擁有特權，你會比沒有特權的人過得輕鬆一些。

舉例來說，如果你是女性，可能會遭遇到性別歧視。但如果你是一名黑人女性，你會遭遇到性別歧視和種族歧視。

如果你是一名黑人女性，可能會遭遇性別歧視和種族歧視，但一名黑人殘疾女性，她除了會遭受這兩種歧視之外，還會遭到殘疾歧視。

這樣了解嗎？

總而言之，這就是特權。

爭取平權的戰場上，非常需要有特權的人加入！你的聲音很重要，你可以成為受壓迫族群的重要盟友。

你可能會想知道，作為一個享有特權的人，可以做些什麼事情，以及如何成為一名好的盟友。以下是一些不錯的建議：

- 盡自己的力量，自我教育，去了解什麼是系統性的壓迫。閱讀文章書籍、參加講座、與邊緣族群相處。你知道的愈多，就愈能幫得上忙。
- 協助傳播訊息！運用你所學到的知識來教育其他擁有特權的人。這是創造變革非常關鍵的一步。

- 加入社會運動團體和行動組織。盡可能多參與社會運動。
- 提出問題，然後傾聽。這是最有效的學習方式。(當有人分享有用的資訊或他們自己的故事時，一定要跟他們說謝謝。)另外，當你進入邊緣族群的空間時，請務必遵循這條規則：多聽，少說。
- 當你看到壓迫發生，即便你覺得害怕，也不要保持沉默。要站出來說話！質問它、跟它對抗——即使這可能會掀起波瀾！
- 如果你被點名有壓迫行為或享有特權，請好好聽對方說話。不要為自己找藉口，或是認為事情沒那麼嚴重。請直接道歉。並告訴對方，你會做哪些事情來改變這個現況——然後一定要真的去做。

探索盟友關係的塔羅練習

拿起塔羅，開始洗牌。當你覺得心神很集中、很平靜，將整副牌牌面朝下放在桌上，然後切成三疊。重新把牌疊在一起，然後呈扇形攤開。為以下每個問題各抽出一張牌：

我的什麼特權阻止我看見事實？
這時候我需要仔細聆聽什麼？
在這件事情上我需要學習什麼？
我可以用什麼方式發揮自己的力量？
我可以用什麼方式帶給別人力量以及幫助他們改善生活？
我如何給予——最好的支持？

如何成為社會運動參與者

什麼是社會運動參與者？社會運動參與者致力於為他們所關心的社會議題創造變革。任何人都可以是社會運動參與者。先確定你希望在哪些事情上看到改變，接著，付諸行動。

世界上有多少族群，就有多少種社會運動議題。你可能對氣候變遷、校園霸凌、虐待動物、全民醫療保健或公民權利感興趣。當你發現自己對什麼事情有一股熱情，那就是該投身進去的時候了！

第一步是了解相關資訊。盡可能多去了解你關心的議題，這樣才能明確表達你的任務使命。去上課、讀書、瀏覽相關網站。你知道的愈多，就愈有幫助。

你可以選擇加入一個已經成立的組織。或是自己創立一個新組織。無論哪一種都可以。組織能做的事情很多，因為人多力量大。

成為一名社會運動者，還有其他方式，比如：捐出你的時間、資源和金錢。請記得，很多組織都是草根組織。他們往往缺乏經費和人力。如果你可以親身去當志工，那就去吧。如果沒辦法，就請捐款。你的貢獻，就算看似微小，也可能產生巨大影響。

社群媒體也可以成為推動社會運動的有效方式。盡可能多分享訊息。加入你所支持的社會運動的社團。到網站線上捐款。幫忙擬定或連署線上請願書。讓大家聽到你的聲音！

向你們的民意代表表達意見。請記得，政府是為你、為人民服務的。他們需要聽到你的聲音。打電話、寫電子郵件、寫信、親自去市政府——盡你所能讓別人聽到你的聲音。這可能是最重要的一件事。如果他們沒有聽到選民的聲音，你選出的民意代表就沒有理由在乎你或為你做事。

幫忙教育大眾。你可以透過談論，或把你參與的社會運動寫成文章，來做大眾教育。直接到現場去，在網路上和實際生活中分享你的訊息。輿論的聲音愈多，可以影響的改變就愈多。LGBTQ團體就是一個很好的例子，他們很努力做大眾教育、推動同性婚姻。如果沒有他們長久持續、而且強有力的聲音在努力，絕不會有現在的成果。

社會運動參與者的塔羅練習

徹底洗牌。準備好後，牌面朝下放在桌上，然後用你習慣的方式切牌。切牌之後，把牌重新疊在一起，全部攤開成扇形。憑你的直覺，針對下列每個問題各抽一張牌：

關於表明立場，我需要知道什麼？
我如何在自己身上創造改變？
我如何在我所屬的族群創造改變？
我如何為世界帶來改變？
我現在可以為哪一件事情發起行動？

如何參與公職選舉

或許有一天，你會突然想大膽嘗試，參加公職選舉。哇！這可是一件大事，需要深思熟慮。一方面，你必須思考這個舉動對你生活可能帶來的影響。擔任公職角色，意味著你要長時間工作，而且你會變成公眾人物。出現在大眾目光面前，或許看起來光鮮亮麗，但請記得，你的生活也會受到前所未有的檢視。突然間，你過去做過的事、甚至你今天穿的衣服，都可能會引起討論。如果你的衣櫃裡藏了什麼死人骨頭不能見人，或是你臉皮很薄，那你可能需要有心理準備喔。

如果你決定做這件事，就需要籌組一個競選團隊。意思是，你要找到合適的工作人員，以及開始籌募競選經費。如果你想要這個競選團隊發揮效用，那兩者都很需要。募款從來都不是一件容易的事，但隨著網路的出現，對一般人來說募款就比較方便了。剛開始時，你的員工可能是你的家人、朋友、實習生，或是對你的訊息感興趣的人。當你收集到動力和經費，或許就可以多聘幾位能幫競選團隊加分的工作人員。

把所有議題釐清。你為了什麼而戰？你所在的地區或國家為什麼需要你？一般民眾關心的事情有哪些？好好做研究和調查，才能準確切中民眾的需要。你可以透過很多方式來了解民眾需求，但最好的方式就是直接面對群眾。直接去拜訪他們，聽聽他們的說法。也可以舉辦公聽會等活動來了解你未來的選民。

訂定一個可以吸引人們注意的競選口號。要簡短有力，而且吸引人。設計一個競選標誌，這樣你離成功就更近了！

架設官方網站。你需要有一個管道讓人們了解你，也需要一個管道來了解你的潛在選民。你也需要一個管道來吸引志工，幫你深入社區去拉票和傳播訊息，也要有一個管道可以接受民眾的政治獻金。

盡可能多去了解你的對手（可能有多位）。了解他們的理念、他們在某些議題上的立場，以及他們過去如何投票。這可以幫助你更有自信地跟對方辯論。

聯繫媒體，讓他們知道你正在參選。無論何時何地，你都可以跟民眾見面和打招呼。挨家挨戶去拜訪。多多舉辦政策說明會。盡可能多曝光，讓群眾看到你、聽到你。愈多媒體報導你，對你愈有利。

最重要的是，莫忘初衷。要永遠記得，你為什麼要為人民服務。如果你始終把這件事放在心上，就會成為人們喜愛的候選人。

考慮參選時的塔羅練習

參加公職選舉，意味著你要成為一名公僕。這可不是一件可以隨便應付的小事。如果你正在考慮踏入政治舞台，可能需要花點時間來思考，這件事對你來說會是什麼樣子和什麼感覺。塔羅牌就是幫助你思考的完美工具！

一邊洗牌，一邊做幾次深呼吸。洗好牌後，牌面朝下放在你面前。將整副牌切成三疊，然後用你習慣的方式把牌全部重新疊在一起。將全部的牌攤開成扇形，憑直覺為每一個提示問題抽一張牌：

關於領導力，我需要知道什麼？
我的國家現在需要什麼？
我可以提供什麼樣的服務？
成為公眾人物會對我的私人生活產生什麼影響？
我的私人生活會對我的公眾生活產生什麼影響？

無論你是表明自己的政治立場、競選公職、支持邊緣團體，還是在晚餐桌上討論世界現況，都請記得這件事：我們所有人都同樣身在這個瘋狂的大世界裡。每一個人都是這個世界的一分子，有自己該做的事、該盡的一分力。如果我們想看到地球永續存在，我們就需要同心協力、和諧相處。

今天你會如何盡自己的那分力量？

10

社會意識

魔法也可以成為創造社會變革的有效工具。能量就是一種力量，如果世界上發生了很多麻煩的事情，只要施展一點點魔法，即使最黑暗的局勢能量也能轉向光明。以下介紹的這些儀式，都是為一人單獨進行所設計，也可適用於團體多人一起進行。

為平衡、社會正義和創新變革設置一個祭壇

正如我們先前提過的，祭壇是創造神聖空間的一種方式，但也會成為後續儀式工作的場所。祭壇作為你的願望的一種實體呈現，它可以強化你的意圖，並幫助你繼續聚焦於你想得到的結果。

那麼，讓我們先來了解什麼是祭壇。

祭壇是專門用於靈性工作的一個空間。它可以很繁複，也可以很簡單。重點是，它應該要被當作一個有生命、會呼吸的神聖區域——也就是說，你必須定期照料它、看顧它。你愈關心你的祭壇，就愈有可能得到你想要的結果。

設置祭壇的方法如下：

1. 選定一個空間。根據你的環境，可以選擇臥室的一個小角落、一整個房間、梳妝台上方，甚至是戶外樹林裡的某個地方。你的祭壇有多大，或位置在哪裡，並不是那麼重要。重要的是，它要能符合你的需求和生活方式，而且一定要你喜歡。
2. 淨化祭壇。選定祭壇空間後，先做淨化。用清水和海鹽的混合鹽水來清洗該區域。接下來，用鼠尾草杖進行煙薰淨化。先在藥草杖一端點火，火焰熄滅後，讓鼠尾草燃燒產生的煙霧在你的空間裊繞飄蕩。如果你的祭壇是一整個房間，房間的每一個角落全部都要做煙薰。如果是在戶外，請以順時針方向在你的空間四周圍附近做煙薰。如果祭壇是設在一個小角落或小桌子，你可以簡單在祭壇周圍做煙薰就好。一邊進行空間的煙薰淨化，同時為你的祭壇設定意圖。例如，你可能想把這個空間獻給靈性成長、療癒或是社會正義。當空間完全淨化完成，也設定好意圖，就能開始使用了！
3. 用對你有意義的神聖物件來裝飾你的祭壇。例如神像、香爐、鮮花、蠟燭和水晶。你的祭壇可以只是零星擺幾樣精選的物件，也可以擺上很多很多物件，看起來很豐富。你可以自己決定。重要的是，這個空間能夠激發你的靈感，並與你想在這裡進行的事情保持頻率一致。

關於社會正義／變革工作的一些建議：

1．也許可以擺上一些物件來象徵你從事的社會運動議題。舉例來說，如果你從事的是跟動物權利有關的議題，可以擺上一張你喜歡的狗狗照片；如果你關心的議題是民權運動，可以擺一張民權運動英雄的照片，比如馬丁．路德．金恩（Martin Luther King Jr.）。

2．在某些情況下，你可能需要在祭壇上放置一支持續點亮的蠟燭，以便讓正在進行的儀式工作不致間斷。這時，你可以在舊蠟燭燒完之前，用舊蠟燭的火焰點燃一根新蠟燭。但蠟燭一定要放在耐火器皿中，而且只有在你能夠一直看著它燃燒時，才建議這樣做。如果你無法時時盯著它，那麼你家那隻好奇的貓可能會讓你家著火。另一種（更安全）的選擇是，使用無焰的充電式蠟燭。

3．如果你要進行的儀式會用到綁定（binding），那你可能還需要準備一些東西來代表你想要控制的人或事情。它可以是一張圖片，也可以在一張祈願紙條寫下你的願望。祈願紙條可以這樣寫：「我希望全世界不再有貧窮。願所有人都能吃得飽、穿得暖、有棲身之屋，還有充足的飲用水。」

與你的祭壇合力工作

與你的祭壇合力工作，可能包括：每天在祭壇前靜坐冥想，聚焦在你的意圖上；或是在祭壇前進行特定工作，工作完成後就離開祭壇，等待你想要的結果出現。在某些情況下，你也可以將冥想和儀式工作結合起來進行。有些人甚至會設置好幾個不同用途的祭壇。做法沒有對或錯。選擇最合適的方式即可。

祈求正義的儀式

如果你想祈求正義，無論是基於個人理由，還是為了消除整體社會的不平等現象，可以使用這個儀式。

你需要準備：

一支棕色蠟燭。只要是跟公平正義這類議題有關，一律都使用棕色蠟燭。紫色蠟燭則用於跟經濟正義有關的情況。

廣藿香精油

一把多用途小刀

一根鼠尾草杖

一個鮑魚殼

點燃鼠尾草杖，讓它燒個幾分鐘。然後將火焰熄滅，讓煙霧在你身體、四周環境，以及蠟燭裊繞。接下來，拿出多用途小刀，將事件名稱以及關係人的名字刻在蠟燭上。舉例來說，如果是你自己遭遇某件事，可以將你的全名、對方或相關人士的全名，以及事件性質刻在燭身上。大概像這樣：歐麗莎、施吉爾、霸凌。如果是其他社會議題，大概類似這樣：黑人的命也是命、種族主義者、對黑人行使暴力。還可加上木星和天秤座的符號。木星是跟正義議題有關的行星，能引來慈悲和公正，天秤座則是掌管正義和法律的星座。

將廣藿香精油搽塗在蠟燭上，同時觀想你想看到的結果。點燃蠟燭，說一段祈求正義的祈禱詞。要發自內心真誠祈求！如果你想要，也可以在蠟燭旁邊靜坐一會兒。可能的話，讓蠟燭燒到底部。如果基於安全因素無法讓蠟燭燒到底，請用手指沾水將蠟燭熄滅，或是輕輕將火焰吹熄，然後每天固定進行一次這個儀式，直到這根蠟燭全部燒完。

祈求人人豐盛富裕

這個儀式非常簡單，可以經常進行。儀式目的是為所有人創造豐盛富裕的能量氛圍。

你需要準備：一塊錢硬幣數枚

將硬幣握在手上，為硬幣祝福。你可以使用這個意圖：「願撿到這些硬幣的人得到好運和財富。」然後，隨機將這些硬幣放在任何你想要放的地方。比如：放在圖書館外的地上、雜貨店的架子上、加油站附近的十字路口——任何地方都可以，只要你喜歡。這個簡單的舉動，可以為你以及發現硬幣的幸運人士散播一種豐盛的能量氛圍。

祈求豐盛的第二種儀式

遊民人口多到令人驚訝。隨著房屋成本的上漲，以及毒癮和經濟不穩定等問題愈趨嚴重，許多人開始流落街頭，或是領不到薪水。遊民乞討的情況，在很多城市並非少數現象。

你能為運氣不好的人做的善舉之一就是，送給他們一些東西。不需要太多。就算只有幾枚硬幣或一個三明治，也可能收到大大感謝。但在送出之前，請先為你要送出的金錢和物品默默祝禱。然後，當你送給對方時，一定要面帶微笑說「祝福你」。這會給對方帶來一種正向積極的感受。

如果你居住的城市裡有很多遊民，可以在出門前身上帶著一把硬幣，而且要先為硬幣做好祝福。遇到有需要的人，就把硬幣給他們，並傳送正向能量。

團體魔法：如何籌組燭光晚會

你可能在新聞報導中，或在你的社區裡看過燭光晚會。人們為了某項慈善行動、不義現象、或重要週年紀念日而聚集在一起，表達他們對該議題的支持。這類活動通常是傳播訊息、表達支持和鼓勵，以及培育能量的有效方式，特別是在發生某個悲劇事件後。人們以這樣的方式聚在一起，往往具有魔法般的神奇效果。一群人，手持蠟燭站在一起，不僅能引起人們對該事件的關注，也同時提升了此事件的能量振動。跟祈求和平的公眾儀式很類似。

以下是籌組燭光晚會的方法：

晚會的主旨確定之後，接下來就是決定日期。可以考慮一年中有利的時間，如果是週年紀念日，就直接選擇該特定日期。

接下來，你需要找到一個公共場所，例如公園、社區中心，或是市政府前廣場、地方法院廣場。如果天候狀況不佳，可能還需要先選定替代地點。

準備物資用品。你可以在網路上，或在當地商店找到裝有滴油保護紙的便宜蠟燭。數量要備足，以免參加人數過多。如果有安全方面的疑慮，也可考慮便宜的充電式蠟燭。效果是一樣的。如果你要製作手拉橫幅和標語牌，就要到美術用品店或文具店購買海報紙和麥克筆。儘量發揮創意，製作醒目的標語和橫幅！

決定晚會流程。需不需要安排走一小段路穿過街區前往晚會定點？會邀請演講者嗎？會有唱歌、祈禱或詩歌朗讀嗎？或者你想舉辦一場靜默燭光晚會？請務必先安排好活動流程，確保活動順利進行。

在社群媒體上發布活動，或聯繫當地媒體來宣傳你的活動。也可以在路上分發活動傳單。儘量把消息廣傳出去，邀請大家來參加活動。

晚會當天，工作人員一定要提早到，做好一切準備工作。先把工作事項分配好，讓活動能夠順利進行。包括分發標語和蠟燭，以及場地引導人員等。晚會時間一到，先做簡單開場，設定好活動意圖，然後點燃蠟燭。接著就可以讓魔法去施展它的身手！

祈求社會變革的團體月亮儀式

如果想引起全宇宙的關注，沒有什麼比與團隊工作更有效的了。若想讓成效加倍，那就要讓你的儀式工作跟月亮保持頻率一致。當你結合多種聲音，聚焦於想要的結果，再加上月亮的幫忙，就多了一層魔法力量！

滿月儀式

滿月是進行任何類型淨化工作的最佳時機。如果你遭遇過暴力、傷害、壓迫或負面言語對待，或是世界局勢持續不穩定，比如戰爭，這些都會產生一種負面能量。這種能量會導致人們心情鬱卒、茫然無助、麻木不仁，甚至放棄努力。「反正事情都這樣了，有差嗎？」

集合一群人合力來消除這種負面的能量，可以讓事情有所轉變，為正向改變創造出空間。

你需要準備：

可以安全架設營火堆的戶外區域

鼠尾草杖
紙張和筆（依參加人數）

先決定一位活動領導人。

將營火堆點燃。用打火機將鼠尾草杖點燃。繞著營火，逆時針走一圈，讓鼠尾草煙霧隨處飄散。完成後，將鼠尾草杖放在耐火器皿中，或是直接扔進營火堆裡。

群眾圍著營火，安靜坐成一圈。請參加者開始寫下他們想要釋放淨化的人、事、物。簡單的單詞或短句就可以了。例如，可以寫「家庭暴力」或「霸凌」。所有人都寫好祈求紙條後，將這些紙條扔進火裡。參加者可以繼續靜坐，想坐多久就坐多久。

儀式結束前，給每一位成員一點時間，輪流表達對某件事的感謝。要經常以感謝來取代你要釋放的東西。讓儀式在正向氛圍中結束。

將火堆完全熄滅，確定安全無虞，然後就離開現場。不要回頭看。

新月儀式

這是一個非常有創意、而且有趣的儀式，可以將正向能量和良善意圖注入到世界中。

需要準備的物品是：

數支麥克筆
一顆西瓜

參加者集合之後，一起出發前往看得見新月的海灘。掌管海洋的神是非洲約魯巴人的母神葉瑪亞（Yemaya），她也是兒童的保護神。西瓜是她最喜歡的供品；對葉瑪亞女神來說，西瓜是神聖之物。

抵達海灘後，開始各自尋找小石頭。所有人都撿到石頭後，各自用麥克筆在自己的石頭上寫下一句正向肯定語和祈求語。比如，最簡單的「願世界和平」，或是稍微明確一點，例如「我想為被殺害的弟弟伸張正義。」寫好後，每一個人手上握著石頭，靜坐幾分鐘，觀想自己所祈求的願望。

然後，輪流將石頭丟進大海，相信宇宙正在聆聽，偉大的海洋女神葉瑪亞會聽到你的祈求。最後，將整顆西瓜投入海水中作為供品。

用塔羅牌設定意圖

塔羅牌的用途不只是占卜。它們也可以用來顯化願望。把塔羅牌的圖像用在魔法儀式或冥想上，它們可以作為一種視覺協助或冥想焦點。如同塔羅的魔術師牌一樣，當你把注意力集中在你的目標上，你的意志就能為你帶來想要的結果。

如何用塔羅牌來創造魔法呢？

1. 首先，選擇一張牌來代表你的意圖。這代表你需要先花一些時間思考自己想要什麼。

2. 目標確立後，開始一張一張翻牌，選出最能代表你願望的那張牌。你希望放下過去嗎？愚人牌可能是最能引起你共鳴的牌。希望增加收入嗎？可以選擇錢幣十。希望趕快找到新工作嗎？你可以選擇錢幣王牌。如果你的魔法儀式是跟全球議題有關，方法也一樣。舉例來說，你希望戰爭趕快結束，你可以選擇節制牌。如果你的意圖是環境保護，那麼世界牌或星星牌就很合適。再提醒一次，你要找的是：你有感覺、而且能呈現你想要的結果的那張牌。不要選擇跟目前狀況相似的牌；而是要選擇能夠超越現況、將你想要的結果實現出來的那張牌。比方說，如果你很希望戰爭趕快結束，那你絕對不會想要選寶劍五！

3. 接著，開始用這張牌來進行儀式。將牌放在祭壇上可以明顯看到的位置。然後點上蠟燭或薰香。或者，你也可以將願望寫在一張紙上，例如：「我希望世界和平。」在這張牌旁邊放一些神聖物件，或是單純只放這張牌也可以。隨你喜歡。重點是，要能夠聚焦於你想要的結果。

4. 用這張牌來冥想。靜坐觀想你想要的結果。仔細觀想牌面圖案上的符號，想像你自己或其他人就在那張牌裡面，讓這張牌的能量活起來。想坐多久都可以。當你感覺到這張牌所呈現的情景一定會發生，請說三聲謝謝，然後結束儀式。你可以選擇只執行一次這個儀式，也可以連續幾天在同樣時間重複這個儀式。積聚能量，並相信宇宙正在與你合作！

5. 儀式完成後，你可以將這張牌帶在身上，或將它放在你每天都看得到的地方。你也可以把這張牌的圖案儲存在手機裡，設定成手機的螢幕鎖定畫面，讓它時時刻刻陪伴你！請記得，集中焦點才能創造結果。你愈常看到這張圖，就愈能持續醞釀你的意圖，讓魔法流動起來！

讓你的內在（政治）房屋整潔有序

這個儀式來自《創造魔法：編織日常與超凡》（*Making Magic: Weaving Together the Everyday and the Extraordinary*）一書作者布莉安娜·索悉（Briana Saussy）。

隨著人們對魔法的興趣愈來愈高，也愈來愈多人想要創造可以改變他們生活的儀式和儀典，政治魔法也重新受到關注。這並不是什麼新的想法。二次世界大戰期間，英國的女巫和魔法師們就公開舉行過魔法儀式，以防止德國軍隊占領他們的土地，當時負責收集情報的組織，也有不止一名祕術魔法師受僱於諜報單位。現在，許多覺得自己受召喚而學習魔法的人，都有強烈的政治信仰，其中不少人是走上街頭表達自己立場、努力發聲的社運人士。因此，在我們參與政治時（無論是何種程度的參與），如何以魔法來自我支持，這樣的問題很自然就出現了。

雖然有許多很棒的儀式可以幫助我們明智而有效地參與政治，但其中一個關鍵要素卻經常被忽略。也就是馬丁·路德·金恩所說的「自我淨化」（self-purification），這是他所闡述的非暴力運動四步驟當中的第三個步驟。我將它稱為「讓你的內在（政治）房屋井然有序」。

這是一個非常簡單的儀式，只需花大約五分鐘時間做呼吸練習就可以了。我的建議是，每次要參與任何一種類型的政治行動之前，都先執行這個儀式，如果你覺得自己很容易受到政治和社會正義議題的影響，建議可以每天進行。

讓你的房屋整潔有序儀式

✦意圖✦

這個儀式的意圖，是要支持每一個人，帶著清晰度、明辨力和慈悲心來了解自己和自己的動機。

✦步驟✦

深吸一口氣，感覺它從你的腳底往上移動，到達你頭部頂輪的位置。

吸氣時，思考一下你的動機，為什麼你要投入這個政治行動。

深深去感受你的這些動機，可根據自己的需要決定時間長短。你可能需要重複做幾次吐氣和吸氣，才有辦法真正清楚感受你的所有想法。

吐氣，把氣全部吐出去，無論你腦中出現什麼，都全部接受。

現在，用一點時間思考，你的目標是什麼。你希望藉由這次政治行動實現什麼目標？舉例來說，假設你現在要針對當天的頭條新聞做些調查，你的目標是想要了解更多資訊而已，還是準備在社群媒體發表一些機智風趣或尖酸刻薄的言論？

花一些時間審視自己的動機和目標，判斷一下是否需要拿掉其中幾項，好讓你的政治參與獲得最大利益和效率。

吸氣，送給自己一句祝福語。

吐氣，同時將那些無法符合你最高利益和效率的目標和／或動機釋放掉。

最後，用一點時間感覺一下，現在你的情緒感受、思想和肉體的頻率是否協調一致。

正是由此開始，你的行動和你的聲音才攜帶了最真實的力量。

4C 儀式——「如何在煤炭世界活出鑽石人生」

這個塔羅智慧和儀式來自紅燈塔羅占卜（Red Light Readings）創辦人的V．芮達斯（V. Readus）。

讓我們面對現實。最近時局實在糟透了，真的是非常糟糕。因為威權獨裁者的崛起，一般群眾不得不為自己的基本權利和公民自由而戰，我們看到整個世界正在經歷非常黑暗的時期。我喜歡黑，但我不喜歡恐懼、焦慮、公然種族歧視、性別歧視或仇恨言論，但這些東西正在成為當今社會的新常態，這牽涉到我的好友同胞，而且也跟我有關。基於我這一生的人生使用和目標，我有責任照顧好自己，這樣我才能在協助照顧他人的過程中發揮最大影響力。

身為一個共感很強的人，其他人的能量很容易就會悄悄潛入，並試圖滲透到我的意識行為中。然後我整個人好像變成一座移動式電影院，而且買一張票可連看兩場電影，我會將他人的恐懼投射到我自己的道路上，然後對任何走在這條路上的人產生負面影響。身為一位塔羅好朋友，經常有人問我，如何在這個「煤炭」世界的壓抑煙塵中找到前進方向，同時保持樂觀和希望，以展現出鑽石般受人讚嘆的澄淨光澤。我的答案是——鑽石人生儀式。

跟購買鑽石的「４Ｃ標準」——切工、顏色、淨度和克拉重量——一樣，「鑽石人生儀式」也有４Ｃ——淨化、牌卡、蠟燭和水晶。我會先點燃一束鼠尾草杖或一根聖木，然後一邊在屋內每個角落做煙薰淨化，同時口中一邊唸著「這裡已經完全淨化，沒有負面能量」。完成屋內淨化之後，接著是玄關、前門和門框，還有前門走道外面的區域。

在這些區域做煙薰淨化時，我會同時跟宇宙／神靈交談，請求保護我自己和所有跨過這個門檻進入我家的人。我一定會做這個祈求動作，因為萬一我自己或訪客身上帶著負面能量，它會被擋在走道上，化入空氣中，然後被帶走。沒有人會想要走進一道能量龍捲風裡！煙薰淨化完成後，就可以開始進行牌卡的部分，我設計了這個鑽石牌陣（請見左圖），來梳理出可能附著的有問題能量，以及找出如何將它釋放的方法。

先把星星牌擺在正中央。用這張牌作為焦點，我們想要體現和分享的是樂觀和蓬勃生機。第2張牌到第5張牌圍繞在星星牌四周，形成一個鑽石菱形。

第2張牌─重量─有問題的能量。精神／情緒／心理層面所攜帶的沉重負擔。

第3張牌─切工─被保留的東西。在內部塑造我們形狀的能量。

第4張牌─顏色─被投射出去的東西。我們用來為世界上色的能量。

第5張牌─淨度─頓悟；光輝。我們可以用來讓自己發光的能量。

我會把我對這幾張牌的想法全部寫在筆記上，然後將第2張牌、星星牌和第5張牌按順序放在我的祭壇上，並點上一支祈求平安的白色蠟燭。然後根據我從第5張牌得到的洞見，我會收集一、兩塊與此能量相符的水晶礦石，然後再加上一些能夠帶來保護愛、以及平衡的其他水晶礦石，放在祭壇上。

我通常會把這帖「平安處方」留在我的祭壇上，直到整支蠟燭燒完，然後把這些石頭帶在身上，作為「藥石」來保護自己，同時繼續盡自己的一分力量，協助其他人為理念奮戰。想要幫助你的同胞是一件高貴的行為，但一定要確保自己有足夠能量可以去應對當前這個黑暗時刻，這是你的首要之務。

鑽石是女性最好的朋友，你永遠的好朋友絕對不會把你帶到錯誤方向。

與塔羅騎士群一起迎接正義

最後，這個塔羅牌練習是由我們的好朋友卡洛琳．庫欣（Carolyn Cushing）所提供。

卡洛琳在社會運動和塔羅牌方面的資歷都非常深。她如此說道：我在追求內在和外在正義的道路上至少走了三十年來，幾乎占掉我五十一年地球生命的大部分。向內，我尋求自我認識和靈性成長——我稱之為靈魂撫慰，並相信這是正義的重要基礎——尤其是透過塔羅牌（一九九四那年，我第一次做塔羅占卜就出現了正義牌！）、自然覺知力以及從世界各個神祕學傳統獲得啟示。如今，我將這幾條路線全部編織在「靈魂道路庇護聖堂」（Soul Path Sanctuary）這個組織裡。內在成長給了我力量、基礎和觀點，為追求和平與正義的組織提供直接的行政協助；研究和開發課程，將心靈和策略以及消除壓迫帶入社會變革；為基層和國家層級的正義推廣者籌組集會和戰略會議；並為以上這些行動籌募龐大經費。現在，我正在跟鎮上的居民共同組織一個志工團體，致力解決移民權利問題和市政透明化。

✦正義牌位於塔羅牌的正中心✦

大阿爾克那可以被看作是塔羅的中心牌組，其他四個元素牌組則圍繞在其四周圍。在英國傳統的塔羅牌裡，正義牌是大阿爾克那的第十一張牌，它的前面有十張牌，後面也有十張牌；它是整個塔羅序列的中心點和轉折點。由這個觀點，我們看到正義牌剛好位於塔羅牌的正中心，召喚著我們，在這個世界上活出它的智慧。

正義本質上是關乎群體。正義要透過法律來體現，藉由團體和機構（例如政府、宗教和經濟體）而存在，並反映於社會和文化。

正義的基本理念是真理與平等平衡。跟所有大牌原型一樣，正義牌與其理念發動了這四大能量，包括火元素（每一個活體生物的細胞中都攜帶著火元素能量，體現於對全人類、生物、植物的尊重）、水元素（從地球和人類誕生的子宮中流出，體現於對海洋、河流、飲用水的關心）、風元素（賜予我們呼吸和語言，體現於以正確話語來團結人類而非分裂分化），以及土元素（支撐著我們所有眾生，體現於尊重我們腳下的土地，因為它為我們提供食物、滋養我們的身體）。

雖然正義工作可以是內部導向的，也可以是外部導向的，但最終目標都是在這個世界實現正義的理想。內在導向的正義——例如靈性實踐、反思、透過冥想來訓練我們的心智頭腦——有助於培養有效行動所需的自我認識和心理彈性。

正義的推動可以透過多種管道。

- **內部管道**：在機構內部運作，維護、推進或修復正義的理念。例如，擔任市議會或學校委員會的成員、成為民權律師、努力爭取婚姻平權。（風元素管道）
- **外部管道**：對機構進行監督，並就其維護正義的情況提出回饋意見，並在正義受到侵犯時站出來發聲。實際例子像是：婦權遊行、呼籲立法、支持移民權利組

織、成為一名記者。（火元素管道）

- **新興管道**：建立符合正義原則的新興機構和空間。建立／支持食品合作社、發起女巫集會、創設替代貨幣或時間銀行，以及修復式正義計畫，都是屬於這類例子。（土元素管道）
- **人際管道**：跨越差異的界線，建立正義連線。實際範例像是：穆斯林－基督徒－猶太教徒對話小組、真相與和解委員會、在感恩節聆聽與你觀點截然不同的叔叔的意見。（水元素管道）

大多數人可能會發現自己對其中一、兩種管道比較熟悉，哪一種管道是你的舒適圈？雖然我們不必四種管道都使用，但一定要尊重在不同管道奮戰的人。所有管道均衡發展是必要的。

無論是透過哪一種管道，我們每一個人都可以為推動公義做出貢獻。幸運的是，我們不必凡事自己親力親為。只要擔起與我們個人現實生活頻率一致的任務即可——也就是我們被哪些事情吸引，以及我們比較了解、擅長而且認為最必要做的事情。從這些地方開始行動，比較能讓自己保持平衡，而不致很快把自己的熱情燒光。

利用塔羅的四張騎士牌（有時也會用別的名稱，比如探索者、知曉者或誘惑者），從圖像和元素之間的關聯，可以提供一些指導方針，幫你找出適合你參與的正義行動：

火騎士（通常對應權杖牌組）激勵群眾，邀請人們談論和思考自己的最高夢想和長程願景，藉由詩歌、繪畫、歌曲、短劇等不同形式的創作，將群眾聚集起來，上街遊行感受群體的力量，並讓掌權者保持熱情。

水騎士（通常對應聖杯牌組）滋養和展現慈悲心，包括：透過其力量確保會議順利進行、推動團體進程；在活動、街頭行動和會議中擔任招待（提供食物、兒童看護、布置會場）；由於能夠與尋求正義的人產生共鳴而幫助這些人。

風騎士（通常對應寶劍牌組）制定戰略，包括：制定實現目標的合理步驟、主導活動計畫、執行溝通以獲得澄清並實際接觸特定受眾。

土騎士（通常對應錢幣牌組）堅持不懈，包括籌募經費、針對同一議題一再地打電話給立法委員、提供行政和後勤支持（發郵件、做會計、安排許可證、設置會議地點，維護資料數據庫）。

若想跟你的騎士指導靈相會，讓他來鼓舞你勇敢追求正義，可進行以下這個塔羅牌練習，你可以用它作為行動參考，或是以此修正你直覺想做的事。

✦選擇一副塔羅牌✦

如果你只有一副塔羅牌，那就直接使用。如果你的牌卡不止一套，請選擇有正義牌和騎士牌圖像的塔羅牌（如果你使用史密斯偉特牌，那就是標題為騎士的四張小牌，若是使用其他套牌，就用跟騎士牌對應的那四張牌），雖然你可能會覺得自己跟王后牌或侍者牌的年齡比較相符，但這次請用騎士牌來做這個練習。它們可以幫助你找出適合你的行動，當你要在現實中實際行動時，還是可以用王后或侍者的做法去進行。

✦召喚正義✦

聚精會神看著你的正義牌，大聲說出以下這幾句話。

我歡迎正義進入我的心靈、思想和精神核心。
願你的存在之火激勵我，相信你的美好可以在我們世界閃耀發光。
願你的存在之流淨化我、釋放我，在你被侵犯之處，保護我免受傷害。
願你的存在氣息穿透我，在我的唇齒間形成智慧的語言。
願你的存在毅力幫助我，堅持不懈為你服務。
願我聽見你的真理。願我明白你的公平公理。願我聚集你的智慧。
我歡迎正義到來。

✦幫騎士牌排序✦

隨機或依照你的感覺喜好，將四張騎士牌排成一行，第一張牌就是你的首席騎士。

如果你是選擇隨機排列，先將四張牌牌面朝下洗牌，直到你覺得可以停下來，然後依序將四張牌排成一行。如果你想要依照自己喜好來排列，請根據你對圖像的感覺來排序。最吸引你、能夠召喚出你正能量的那張牌，請放在第一張。第二吸引你的那位騎士，放在第二張。你不太有感覺的，放在第三張。最後一張是你最不喜歡的那位騎士。

第一位騎士——你的首席騎士——是你外部行動的指引。查看我們分享過的四張騎士牌描述，看看它們建議你採取哪些行動。你在該領域有哪些熱情和技能？你已經實際做過哪些行動？哪些行動雖然對你來說有點勉強，但可以幫助你成長？你想在什麼管道（內部、外部、土元素或人際）中執行這項行動？以這張牌作為啟發，寫下你希望在某段時間內（一星期、一個月或一年）實際執行的正義行動，列舉一到五項。

第二位騎士是第一張牌的夥伴，他能支持你想要執行的行動。這張牌也代表你的內部正義工作，比如靈性修練、創意提升或自我照顧，以便幫助你完成外部正義工作。根據你對這位騎士的元素能量的了解，或是閱讀這張牌所代表的含義描述，它建議你進行哪些內部工作？在你設定的執行正義行動的那段時間內，你想對這項工作做出哪些承諾？

第三位騎士可以代表你為支持他人執行正義而去做的事。不是你自己想做這件事，而是別人要你去幫忙。可能偶爾有需要時你才會去做，但你並沒有把它當作你的主要職責。我們通常不會覺得這是實際在執行正義工作，但是當你思考這位騎士時，請認知到，你對別人的支持可以成就他們想做的事。

第四位騎士是你留給別人去做的正義工作。請記得，你不必每一件事情都要親力親為。這位騎士讓你知道，你可以拒絕哪些性質的工作，因為你無法在那些領域發揮你的優勢，或是那些事情已經超出你現在的能力範圍。你可能需要列舉一到五項這類工作，讓你在設定的那段時間內，對這些行動說不。雖然你無法執行這項工作，但你知道，這件事需要有人去做，對於正在做這件事情的人，你心存感激。

請將這個架構當作一種支持力量，為你的行動創造意義，而不是讓它成為一件緊身衣。如果你在觀看這幾張牌時出現了非常強烈的直覺，告訴你要去執行哪些正義行動，就算那些想法很奇怪，也請將它們納入你的計畫中。

✦實際付諸行動，並用塔羅牌做後續檢視✦

盡最大努力去執行你所列出的行動。如需評估你的進度，可隨時回來尋求塔羅牌的指引，你可以從整副牌隨機抽出幾張牌，也可以重新連結你的正義牌和騎士牌。判斷自己是成功或失敗時要小心。正義工作是持續不斷進行的，而且可能在很長一段時間之後，才以你意想不到的方式產生漣漪。可預見的重大失敗，能夠導致行動方向的改變，將新的方向以及更切合需要的東西帶進來。看似微小的成功，可能會產生你從未見過的強大影響。騎士們活在當下，運用自己的元素能量來推動自己前進。願他們能持續為你帶來靈感和熱力！

參考資料說明：本節提到的方法，最直接的靈感來自喬安娜．梅西（Joanna Macy）的《恢復生機》（*Coming Back to Life*），以及琳達．史陶特（Linda Stout）的《集體願景》（*Collective Visioning*）書中提到的塔羅牌元素結構和創造變革模型的結合運用。元素騎士的靈感來自塔羅學校的元素排列法（The Tarot School's Elemental Array process）。

讓這本書成為你革命的第一步，

讓我們一起改變世界。

祝福你

薩欣和泰瑞莎

參考資料

塔羅書籍

Everyday Tarot: A Choice-Centered Book by Gail Fairfield

Holistic Tarot by Benebell Wen

Learning *the Tarot: A Tarot Book for Beginners* by Joan Bunning

Modern Tarot by Michelle Tea

The Secret Language of Tarot by Wald Amberstone and Ruth Ann Amberstone

Seventy-Eight Degrees of Wisdom by Rachel Pollack

The Tarot Coloring Book by Theresa Reed

Tarot for One: The Art of Reading Tarot for Yourself by Courtney Weber

The Tarot Handbook by Angeles Arrien

Tarot Wisdom by Rachel Pollack

365 Tarot Spreads by Sasha Graham

21 Ways to Read a Tarot Card by Mary K. Greer

Who Are You in the Tarot? by Mary K. Greer. This book covers Tarot's Birth Cards in depth.

塔羅牌卡

The Black Power Tarot

The Crystal Unicorn Tarot by Pamela Chen

The Dreaming Way Tarot by Rome Choi and Kwon Shina

Dust II Onyx Tarot by Courtney Alexander

The Fountain Tarot

Gaian Tarot by Joanna Powell Colbert

The Lunar Nomad Oracle by Shaheen Miro

Rider Waite Smith Tarot

Robin Wood Tarot by Robin Wood

The Spolia Tarot by Jessa Crispin and Jen May

The Starchild Tarot by Danielle Noel

The Wild Unknown Tarot by Kim Krans

The Wildwood Tarot by John Matthews, Mark Ryan, and Will Worthington

魔法相關書籍

Dodaing Energy Vampires: An Empath's Guide to Evading Relationships that Drain You and Restoring Your Health and Power by Dr. Christiane Northrup

The Enchanted Candle by Lady Rhea

Enchantments: A Modern Witch's Guide to Self-Possession by Mya Spalter and Caroline Paquita

Energy Muse by Heather Askinosie and Timmi Jandro

Everyday Crystal Rituals: Healing Practices for Love, Wealth, Career, and Home by Naha Armády

High Magick: A Guide to the Spiritual Practices that Saved My Life on Death Row by Damien Echols

Inner Witch by Gabriela Herstik

Light Magic for Dark Times: More than 100 Spells, Rituals, and Practices for Coping in a Crisis by Lisa Marie Basile and Kristen J. Sollee

Living in Gratitude: Mastering the Art of Giving Thanks Every Day by Angeles Arrien and Marianne Williamson

Making Magic: Weaving Together the Everyday and the Extraordinary by Briana Hender-son Saussy.

Protection and Reversal Magick by Jason Miller

The Spirit Almanac: A Modern Guide to Ancient Self-Care by Emma Loewe and Lindsay Kellner

社會運動相關書籍

Citizen's Handbook to Influencing Elected Officials: Citizen Advocacy in State Legislatures and Congress: A Guide for Citizen Lobbyists and Grassroots by Bradford Fitch

Everyday Activism: A Handbook for Lesbian, Gay, and Bisexual People and Their Allies by Michael R. Stevenson and Jeanine C. Cogan

Grassroots: A Field Guide for Feminist Activism by

Jennifer Baumgardner, Amy Richards, and Winona LaDuke

How I Resist: Activism and Hope for a New Generation by Maureen Johnson

So You Want to Talk about Race by Ijeoma Oluo

Stamped from the Beginning: The Definitive History of Racist Ideas in America by Ibram X. Kendi

Unladylike: A Field Guide to Smashing the Patriarchy and Claiming Your Space by Cristen Conger and Caroline Ervin

Uprooting Racism-4th edition: How White People Can Work for Racial Justice by Paul Kivel

When We Fight, We Win: Twenty-First Century Social Movements and the Activists that Are Transforming Our World by Greg Jobin-Leeds and AgitArte

求助機構

Crisis Text Line

www.crisistextline.org / text 741741

Send a text anytime, 24/7, and a trained counselor wil isten to you and reply. It's totally free. Text and get support if you're struggling with anxiety, depression, suicidal thoughts, or any type of emotional crisis.

Suicide Prevention Lifeline

https://suicidepreventionlifeline.org / 1-800-273-8255

Call to get help anytime, 24/7, and a volunteer will listen and assist you in settling your nervous system and bringing you back to a calmer place where you can think clearly.

TalkSpace

www.talkspace.com

Get set up to text and chat with a licensed therapist. This is professional therapy that's affordable and convenient. You don't have to get dressed, drive across town, and find parking. There's a real therapist right in your phone!

Meetup

www.meetup.com

If you're feeling depressed or hopeless, please don't isolate yourself. Try to get out into the world at least once a week and connect with fellow human beings. If you feel lonely, go to Meetup and find a Tarot meetup, a book meetup, an astrology meetup, or a gathering for whatever other topic interests you.

致謝

我們兩位都想要感謝 Kathryn Sky-Peck 和 Weiser 出版社所有優秀的工作人員，感謝他們的幫忙，讓這本書得以順利面世。

以下是泰瑞莎的感謝詞：

薩欣．米羅是一位聰明且值得信賴的合作夥伴。你的智慧超越了你的年齡。

感謝瑪莉．K．格瑞爾和瑞秋．波拉克。兩位在塔羅領域開蹊闢徑，為我們照亮了道路。沒有你們的智慧，我不可能完成這本書。

感謝 Megan Lang 的敏銳頭腦、編輯技巧，以及對一切眾生的慈悲心。非常欣賞你的寬大胸懷。

非常感謝 Alexandra Franzen 的精彩建言。你真的好棒。

我要向 Damien Echols 和 Lorri Davis 深深一鞠躬。跟在你們身邊觀察，我學到很多關於為正義而戰的知識。

感謝Briana Saussy, Carolyn Cushing, V. Readus, Courtney Weber, Joanna Powell Colbert, Danielle Cohen, Fabeku Fatunmise, Chris Zydel, Heatherleigh Navarre, Andrew McGregor, Georgianna Boehnke, Hilary Parry Haggerty, Ethony Dawn, Jenna Matlin, Melissa Cynova, Benebell Wen, Jessica Schumacher,

Simone Salmon, Al Juarez, Connie Kick, Guy and Jackie Dayen, Suzi Dronzek, Ruth Ann, Wald Amberstone, Gabriela Herstik, Donnaleigh de la Rosa，以及其他所有同甘共苦支持我的朋友。要感謝的人太多了，無法一一列舉。我永遠將你們記在心裡。

感謝我的瑜伽學生和塔羅個案。能為你們服務，我始終感到非常榮幸。

感謝我的孩子 Megan 和 Nick，他們是我認識的人當中，心地最寬容的人。

大大感謝我的丈夫 Terry，在我漫長的寫作、編輯和丟失手稿的過程中，對我的信任和支持。是你讓這一切成為可能。

以下是薩欣的感謝詞：

感謝泰瑞莎的愛、支持和智慧。這次能與她合作，我深感榮幸。

感謝 Valorie Rossi 和 Patricia Garry，謝謝你們多年前對我的信任。因為你們的鼓勵、指導和支持，讓我度過許多難關。

非常感謝塔羅界的前輩燈塔，為年輕一代塔羅學習者開闢了康莊道路。我懷著極大的敬意和感謝，將自己的一些東西加入到你們創造的集體智慧中。

感謝我的母親 Dorothea Miro，謝謝你付出的一切……你親身示範了如何在這個野性、瘋狂的世界中發光發熱。

深深感謝我的個案和朋友。你們提出的精闢問題，讓這整件事得以順利進行。

作者簡介

泰瑞莎・里德 Theresa Reed

資深塔羅占卜師，從事專業塔羅占卜已有三十年資歷。著有《塔羅著色書》（*The Tarot Coloring Book*），同時也是全世界最大型塔羅研討會「塔羅占卜師工作坊／The Readers Studio」主講人，文章經常見於《哈芬登郵報》（*HuffPost*）、*Nylony* 雜誌以及 *Refinery29* 時尚雜誌。

關於塔羅牌，泰瑞莎喜歡提醒人們，未來擁有無限可能，不會永遠一成不變，我們的個人選擇可以為自己和世界塑造更美好的未來。她的塔羅哲學觀是：「講故事的是塔羅牌，但寫下結局的是你。」除了塔羅之外，她還熱愛瑜伽、貓咪、烹飪，以及與《冰與火之歌：權力遊戲》（*Games of Thrones*）有關的任何東西，喜歡與丈夫和孩子共處的時光。目前定居於美國威斯康辛州。個人網站：TheTarotLady.com

薩欣・米羅 Shaheen Miro

資深塔羅占卜師，為世界各地客戶提供直覺占卜解牌、意圖設定和能量清理服務，以及能量水等魔法產品，著有《月亮游牧神諭卡》（*The Lunar Nomad Oracle Deck*）。他同時也是《超自然》（*The Numinous*）雜誌專欄作家，也在自己的部落格和週刊撰寫關於療癒、自我賦權和自我成長的相關文章。在個人 YouTube 頻道上每週發布一次直覺占卜預測，幫助人們擺脫負面情緒，迎接美好的一週。

他的名言是：「我對生命保持開放和好奇。」喜愛深夜卡拉ＯＫ、厚底休閒鞋，經常反覆觀看《超異能快感》（*Practical Magic*）這部電影。他是一位游牧者，以世界各地為家。個人網站：ShaheenMiroInsights.com、TheLunarNomadOracle.com

黑暗中的塔羅之光

出　　版／楓樹林出版事業有限公司
地　　址／新北市板橋區信義路163巷3號10樓
郵政劃撥／19907596　楓書坊文化出版社
網　　址／www.maplebook.com.tw
電　　話／02-2957-6096
傳　　真／02-2957-6435
作　　者／薩欣・米羅、泰瑞莎・里德
譯　　者／黃春華
企劃編輯／陳依萱
校　　對／黃薇霓
港澳經銷／泛華發行代理有限公司
定　　價／550元
初版日期／2024年9月

國家圖書館出版品預行編目資料

黑暗中的塔羅之光 / 薩欣・米羅、泰瑞莎・里德作；黃春華譯. -- 初版. -- 新北市：楓樹林出版事業有限公司, 2024.08　面；　公分

ISBN 978-626-7499-22-1（平裝）

1. 占卜

292.96　　113011364